ŻYCIE MIĘDZY WCIELENIAMI

Przez hipnoterapię do duchowej regresji

O autorze

Michael Duff Newton jest doktorem doradztwa personalnego, dyplomowanym kalifornijskim hipnoterapeutą oraz członkiem Amerykańskiego Towarzystwa Doradztwa Personalnego (ACA - The American Counseling Association). Pracował na wydziałach wyższych instytucji oświatowych jako nauczyciel, administrator oraz jako korporacyjny doradca personalny.

Prowadził też działalność na polu zdrowia psychicznego - pracował dla agencji rządowych jako pomocnik w grupach ludzi uzależnionych od środków chemicznych. Jednocześnie prowadził prywatną praktykę hipnoterapeutyczną, zajmując się reorientacją zachowań oraz pomocą w odnalezieniu wyższej duchowej jaźni. Obecnie na emeryturze – nie prowadzi już aktywnej klinicznej praktyki, poświęcając swój czas wykładom i szkoleniom.

Dzięki rozwinięciu własnej metody regresji wiekowej (age-regression) dr Newton odkrył, że możliwe jest przeniesienie pacjentów poza ich doświadczenia z poprzednich żywotów, w celu odkrycia bardziej znaczącej egzystencji nieśmiertelnej duszy pomiędzy wcieleniami. Uważany jest za pioniera odkrywającego życie po śmierci przez duchową regresję hipnotyczną.

Lata badań dr Newtona nad życiem w świecie dusz są tematem jego dwóch poczytnych książek: bestsela „Wędrówka dusz. Studium życia pomiędzy wcieleniami" (1994) i „Przeznaczenie dusz. Nowe badania nad życiem pomiędzy wcieleniami" (2000). W 2001 roku „Przeznaczenie dusz" otrzymało wyróżnienie „Metafizyczna Książka Roku" przyznane przez towarzystwo Independent Publisher na targach książki w USA.

W 1998 roku Narodowe Stowarzyszenie Hipnoterapeutów Transpersonalnych (National Association of Transpersonal Hypnotherapists) w USA przyznało mu nagrodę „Najbardziej Unikalnego Osiągnięcia dla Hipnoterapeuty", honorujące długie lata jego badań nad pamięcią duszy i pionierskie odkrycia kliniczne w dziedzinie kosmologii życia po śmierci. Praktyka hipnoterapeutyczna Dr Newtona sięga ponad 45 lat, a jego badania z wykorzystaniem hipnoterapii LBL (Life Between Life - życie między wcieleniami) trwają już ponad 30 lat.

Dr Michael Newton jest założycielem i prezesem Towarzystwa Duchowej Regresji (SSR - The Society of Spiritual Regression). Towarzystwo Duchowej Regresji jest profesjonalną organizacją dedykowaną rozwojowi badań i praktycznego stosowania hipnoterapii LBL. LBL jest rozszerzeniem i przeobrażeniem hipnoterapii PLR - (Past Life Regression - regresja w poprzednie wcielenia).

Dr Michael Newton

ŻYCIE MIĘDZY WCIELENIAMI

Przez hipnoterapię do duchowej regresji

przełożyli:
Maciej Majer
Bartosz Głowacki

BMG
Publishing

Tytuł oryginału

Life Between Lives
Hypnotherapy for Spiritual Regression

Copyright © 2004 Michael Newton, Ph.D.

Published by Llewellyn Publications
St. Paul, MN 55164 USA
www.llewellyn.com

Copyright © 2004 for the Polish edition
by BMG Publishing
ISBN 0-9549559-0-0

Projekt okładki
Bartosz Głowacki

W projekcie okładki wykorzystano:
- zdjęcie mgławicy „Kocie oko" NGC 6543 wykonane przez teleskop Hubble'a
NASA, ESA, HEIC and The HubbleHeritage Team (STScI/AURA),
R. Corradi (Isaac Newton Group of Telescopes, Spain) & Z. Tsvetanov (NASA).
Mgławica „Kocie oko" jest mgławicą planetarną (pozostałością umierającej
gwiazdy) położoną ok. 3 tysiące lat świetlnych od Ziemi w kierunku gwiaz-
dozbioru Smoka (Draco). Jest jedną z pierwszych odkrytych mgławic i jedną
z najbardziej złożonych oraz najjaśniejszych (9 mag.).

Wydawca:

BMG Publishing, London, UK
www.tuiteraz.com
listy@tuiteraz.com

Dystrybucja:

Dariusz Adamowicz
tel. 0-604 90 65 10

SPIS TREŚCI

6

Część V – Życie między wcieleniami

Część VI – Zamknięcie sesji

Dedykacja

Niniejszy przewodnik po metodyce hipnozy stosowanej w badaniu życia pomiędzy wcieleniami dedykuję wszystkim praktykom hipnoterapii, którzy docierają do dusz swoich klientów poprzez duchową regresję, a także tym osobom, które poszukują oświecenia w sferze swojego duchowego życia.

Przedmowa

Przez kilka ostatnich lat dr Michael Newton szkolił profesjonalnych hipnoterapeutów w wykorzystaniu opracowanych przez siebie metod duchowej regresji w życie pomiędzy wcieleniami (LBL). Miałem szczęście znaleźć się w pierwszej grupie praktykantów, którzy otrzymali certyfikat w dziedzinie szczegółowej metodologii prowadzenia klientów w ich nieśmiertelne, ducho we życie. Wcześniej szkoliłem się i pracowałem jako tradycyjny psychoterapeuta, a także, w późniejszym okresie, jako hipnoterapeuta specjalizujący się w psychologii zdrowia.

Dziesięć lat temu natrafiłem na elokwentnie napisaną książkę dr Michael'a Newtona „Wędrówka dusz", a następnie na jego drugą pracę – „Przeznaczenie dusz". Obydwie opisywały duchowy obszar pomiędzy wcieleniami, który wykraczał daleko poza regresję w poprzednie wcielenia. Czułem, że są to jedne z najważniejszych książek, jakie opublikowano w dziedzinie profesjonalnej hipnoterapii regresyjnej, a nawet w całej literaturze ezoterycznej. Dr Newton nie oparł swoich poglądów na spekulacjach – osobiście przeprowadził sesje hipnoterapeutyczne z ponad siedmioma tysiącami klientów, prowadząc ich w duchowe życie pomiędzy fizycznymi wcieleniami na Ziemi. W mojej pracy terapeuty stosującego regresję w życie między wcieleniami (LBL) cały czas zdumiewają mnie przeżycia w obszarze duchowym moich klientów, a także wpływ jaki te doświadczenia mają na ich wartości, wybory i sposób życia w obecnym wcieleniu.

W chwili obecnej dr Newton nie prowadzi już aktywnej praktyki terapeutycznej. Będąc na emeryturze napisał kronikę szczegółowo opisującą metody, które rozwinął przez ponad trzy dekady swojej pracy nad duchową regresją, by następne pokolenia terapeutów LBL dysponowały odpowiednimi informacjami i mogły rozwijać tę technikę dalej, na podstawie jego przełomowych prac. Ta książka stanowi wartościową pomoc i źródło wiedzy dla profesjonalnych regreserów, a dla innych terapeutów, którzy pragną poszerzyć swój warsztat pracy, zawiera wiele cennych informacji o najważniejszym aspekcie ich klientów – duszy.

Czytelnicy, którzy nie zajmują się zawodowo terapią, odnajdą tu źródło bogatych informacji o metodach i procesach myślowych dr Newtona, który będąc pionierem na ścieżce duchowej regresji, przedstawia wyniki swoich wieloletnich badań. Niniejsza książka nie jest zwykłym podręcznikiem metodologicznym. Jestem przekonany, że u wielu osób będzie źródłem inspiracji i refleksji na temat cudów wielowymiarowego Stworzenia i naszego w nim miejsca – zarówno jako duszy, jak i człowieka.

dr Arthur E. Roffey, (Ph.D D.D)
Dyrektor Innervision, P.C.
Wiceprezes Towarzystwa
Duchowej Regresji

11

Wprowadzenie

"Życie między wcieleniami – Przez hipnoterapię do duchowej regresji" reprezentuje ponad trzy dziesięciolecia osobistych badań i rozwoju technik klinicznej hipnozy, oferujących pomoc hipnoterapeutom w dotarciu do duchowej pamięci ich klientów. Jej główny temat to metody osiągnięcia nadświadomego transu, umożliwiającego dostęp do percepcji naszego wiecznego istnienia. W stanie tak podwyższonej aktywności mentalnej zwykli ludzie potrafią odnaleźć własne odpowiedzi na odwieczne pytania: „Kim jestem?", „Dlaczego tutaj się znalazłem?" i „Skąd przybyłem?".

Jest to głównie książka metodyczna, pomyślana jako praktyczny przewodnik, który krok po kroku przedstawia najbardziej efektywne procedury dotarcia do wiecznej pamięci klienta o jego życiu w świecie dusz. Czytelnicy znajdą tu nowe przykłady regresji LBL, nie zamieszczone w dotychczas wydanych książkach „Wędrówka dusz" i „Przeznaczenie dusz", ponieważ publikacja ta ma być wartościowym tekstem metodologicznym dla doświadczonych, profesjonalnych hipnoterapeutów. Jak sądzę, dodatkowy materiał i zestawy pytań, które używam do wywołania duchowych wizualizacji, ucieszą tych wszystkich, którzy czytali moje poprzednie prace. Razem, te trzy książki stanowią trylogię na temat badań życia po śmierci.

Mam również nadzieję, że czytelnicy uzyskają dzięki tej książce głębsze zrozumienie procesu, który nazywam „duchową regresją", i odczują inspirację by osobiście przejść sesję regresji w życie między wcieleniami z pomocą doświadczonego profesjonalisty.

Swoją karierę terapeuty rozpocząłem od metod tradycyjnych. Jednak tuż po rozpoczęciu pracy z regresją w poprzednie wcielenia, odkryłem metody konieczne do poprowadzenia sesji w życie między wcieleniami. Przez wiele lat przeprowadziłem kilka tysięcy regresji

12

LBL, a niedługo przed przejściem na emeryturę uświadomiłem sobie, iż nadszedł czas, aby szkolić innych profesjonalistów w sztuce terapii LBL, która okazała się tak owocna w mojej pracy.

W 1999 roku rozpocząłem współpracę z różnymi profesjonalnymi stowarzyszeniami hipnoterapeutycznymi, przyznającymi uprawnienia zawodowe w całym kraju (USA), które zgodziły się bym prowadził warsztaty regresji LBL trwające kilka godzin. Szybko przekonałem się, że potrzeba trzech do czterech dni, by przeszkolić innych profesjonalistów w tym trudnym temacie. Niedługo później Ogólnokrajowe Towarzystwo Hipnoterapii Transpersonalnej (The National Association of Transpersonal Hypnotherapy - NATH) poprosiło mnie o zorganizowanie konferencji w całości poświęconej metodologii LBL i współpracę przy sesjach szkoleniowych.

Pierwsza na świecie konferencja połączona ze szkoleniem LBL i certyfikacją odbyła się we wrześniu 2001r., tydzień po ataku terrorystycznym na Amerykę, w Virginia Beach. Był to dobry czas na rozpoczęcie nowego programu duchowych badań z wykorzystaniem hipnozy. Przygotowany wtedy intensywny kurs składał się z około czterdziestu godzin warsztatów, demonstracji i praktyk pod nadzorem trenerów, które razem prowadzą terapeutę dużo dalej niż studia nad regresją w poprzednie wcielenia. Czuję się zobowiązany wobec NATH za ich zdolność przewidywania i wsparcie, jakiego udzielili mi organizując tamtą i następne konferencje LBL.

Wkrótce zrozumiałem, że potrzebna jest organizacja, która całkowicie poświęciłaby się rozwojowi regresji hipnotycznej w życie między wcieleniami. W 2002 r. z pomocą zadedykowanej grupy hipnoterapeutów LBL założyłem Stowarzyszenie Duchowej Regresji (Society of Spiritual Regression). W skład tej szkoleniowej organizacji wchodzą dyplomowani terapeuci LBL, którzy prowadzą dalsze badania w zakresie regresji duchowej i sesje terapeutyczne z klientami. Jednym z najważniejszych celów naszego stowarzyszenia jest gromadzenie danych na temat terapeutów LBL w USA, a także na całym świecie. Nasza strona internetowa to www.spiritualregression.org.

Drogi czytelniku, jeśli szukasz wiedzy o swojej duchowej historii, zachęcam cię do poszukania doświadczonego, profesjonalnego hipnoterapeuty, który został przeszkolony w regresji LBL i uzyskał odpowiedni certyfikat. Jeśli nie możesz znaleźć takiej osoby w swoim regionie, być może będziesz musiał wybrać się w dalszą podróż. Uwierz mi, naprawdę warto. Odnalezienie kwalifikowanego hipnoterapeuty LBL, obdarzonego pasją pomagania ludziom w odkrywaniu pamięci ich dusz o życiu po drugiej stronie i wyczulonego na twoje specyficzne potrzeby, jest kluczową sprawą w tej terapii.

Regresja duchowa obejmuje zarówno terapię poprzednich wcieleń jak i życia pomiędzy wcieleniami, dlatego hipnoterapeuta powinien być odpowiednio wykształcony metafizycznie, by móc z perspektywy psychologicznej i historycznej analizować karmiczne zależności, występujące w historii jego klienta. Wszystkim zainteresowanym radzę więc, aby za kazdym razem w trakcie poszukiwań utalentowanego hipnoterapeuty, przeprowadzali z ich potencjalnymi terapeutami rozmowę wstępną.

Chociaż niniejsza publikacja została przygotowana tak, aby w systematyczny sposób ukazać podstawy moich badań nad życiem po drugiej stronie, to nie zamierzam narzucać regreserom sztywnych procedur hipnotycznych. Zdaję sobie sprawę, że ten materiał może być również pomocny osobom rozwijającym alternatywne sposoby dotarcia do świata dusz. Każdy praktyk hipnoterapii wnosi swoje własne idee, umiejętności i doświadczenia w praktykę terapii LBL. Zastosowanie różnych metod w podejściu do umysłu może tylko wzbogacić naszą wspólną wiedzę i perspektywę na duchowe życie.

Czasami przedstawiam swoje rady w sprawach, co do których mam zdecydowany pogląd. Staram się jednak nie brzmieć zbyt teoretycznie i zrobiłem co mogłem, aby utrzymać wszelkie informacje w praktycznym wymiarze oraz jak najbardziej uprościć strukturę pojęciową, związaną z moimi metodami hipnotycznymi stosowanymi wobec klientów. Mam nadzieję, że to co rozpoczynamy, stanie się w dwudziestym pierwszym wieku ogólnoświatowym ruchem oferującym metodę, dzięki której uzyskamy nowy, duchowy wgląd w samych siebie. Dzięki duchowej regresji, którą można stosować na wiele różnych sposobów, i odkrywanej przez nią wiedzy, możemy łatwiej zrozumieć cel swojego istnienia, a przez to stać się lepszym człowiekiem.

Wszystko co nas otacza,
Wszystko co nieświadomie puszczamy w niepamięć,
Wszystko czego dotykamy nie czując,
Wszystko co spotykamy nie zauważając,
Ma na nas szybki, zaskakujący i niewytłumaczalny wpływ.

- De Maupassant

CZĘŚĆ I

Rozmowa wstępna

Nawiązanie do systemów wierzeń klienta

Zanim przejdę do szczegółów metodologii hipnozy związanej z praktyką duchowej regresji, chciałbym rozważyć podejście terapeuty do życia po śmierci. Duchowy regreser powinien być przygotowany na spotkanie z takimi osobami, które w trakcie rozmowy wstępnej biją się z myślami odnośnie swoich przekonań. Sposób, w jaki terapeuta LBL zareaguje na ich problemy, ma duży wpływ na to, czy sesja hipnotyczna w ogóle się odbędzie.

Znaczna większość osób, które proszą o pomoc w dotarciu do duchowej pamięci, nie ma problemu z własnymi przekonaniami. Jednak istnieje pewien odsetek klientów, którzy mając mocną wiarę religijną, wątpią w to, czy hipnoza może sięgnąć do ich życia między wcieleniami; mogą również nie ufać danemu regreserowi, którego zadaniem jest umożliwienie mentalnej podróży w świat dusz.

Jeżeli w moim gabinecie pojawia się potencjalny klient, który wykazuje duże oznaki zaniepokojenia, staram się wyjaśnić mu, że korzyść z duchowej regresji odniesie wtedy, gdy podejdzie do niej z otwartym umysłem. Mówię czasami, że bez względu na jego wierzenia, nieuświadomione do tej pory wspomnienia i tak prawdopodobnie ujawnią jego dom w świecie dusz, którego opis będzie zgodny z relacjami innych osób, które przeszły duchową regresję. Sceptyk mógłby zarzucić mi, że takie dodawanie otuchy klientowi stanowi w gruncie rzeczy wcześniejsze uwarunkowanie jego nastawienia, ale nawet jeśli tak jest, to po przeprowadzeniu kilku tysięcy sesji hipnozy LBL, uważam, iż wpływa to korzystnie na zatroskanego klienta.

Rozważając temat uprzedzeń, należy wziąć pod uwagę fakt, że moje książki o życiu po drugiej stronie są już wiedzą publiczną. Jeśli potencjalny klient uważa, że uprzednia lektura tych książek mogłaby wpłynąć na treść jego doświadczeń w hipnozie, to wyjaśniam, że przez wiele lat przed opublikowaniem moich badań, niewiele mówiłem moim klientom przed sesją. W każdym razie terapeuta może sam odkryć, że wcześniejsza wiedza o tym procesie nie ma większego znaczenia. Kiedy klient mentalnie wniknie w świat dusz w głębokiej hipnozie, to bez względu na jego ideologię lub to co mu powiedziałem przed sesją, jego relacje będą podobne do opowieści wszystkich osób, które przeszły duchową regresję.

Od szkolonych przeze mnie hipnoterapeutów LBL usłyszałem, że zdarzają się im klienci, którzy nigdy nie słyszeli o mnie, ani o moich książkach, a mimo to bez żadnych podpowiedzi byli tak samo zgodni w swoich opisach świata dusz, co pozostali. Różnice przejawiają się jedynie w indywidualnych działaniach duchowych, które są postrzegane wyraźnie lub mgliście. Nie ma dwóch dokładnie takich samych sesji, ponieważ każda dusza ma inny specyficzny wzór energetyczny, potrzebny do odsłonięcia zachowanej nieśmiertelnej pamięci, oraz unikalną historię własnego istnienia.

Jeśli potencjalny klient ma uprzedzenia dotyczące metafizycznej filozofii z powodu wyznawanego przez siebie rygorystycznego systemu religijnego, może to być przyczyną wewnętrznego zamieszania, do którego należy ustosunkować się już na samym początku. Skoro ta osoba pojawiła się w gabinecie terapeuty LBL, to znaczy, że naprawdę poszukuje informacji o swojej wyższej jaźni, choć jej ideologiczne zastrzeżenia stanowią pewną barierę. Często zauważam, że pod wewnętrznym konfliktem kryje się uczucie nieszczęścia i braku satysfakcji z wypracowanego do tej pory sposobu postrzegania świata i własnego życia. Oznacza to również gotowość do podjęcia poszukiwań nowymi metodami. Uważam więc, że w takich sytuacjach tylko eklektyczny terapeuta może dobrze zrozumieć klienta i prowadzić z nim otwartą dyskusję filozoficzną, która będzie jednocześnie źródłem refleksji i zachęty, a także wyjaśni wszelkie problematyczne kwestie.

Dla przykładu w Ameryce, gdzie dominuje społeczeństwo chrześcijańskie, można usłyszeć: „Chciałbym doświadczyć tego, jakie jest Niebo, ale obawiam się, że przychodząc tutaj w tym celu, popełniam grzech". Inną odmianą tego samego pytania to: „Myślę, że istnieje życie po śmierci, ale czy muszę wierzyć w reinkarnację, by być kandydatem gotowym do doświadczenia duchowej regresji?". Do moich klientów zaliczają się osoby, które wychowały się w kulturach propagujących silne przekonanie o deterministycznym charakterze życia, co pozostawia niewielką kontrolę nad własnym przeznaczeniem. W innych przypadkach, nawet jeśli pewne społeczności są otwarte na reinkarnację i przeznaczenie, ich rytuały zakładają istnienie gniewnych bogów, złych duchów lub niepożądanych regionów astralnych po śmierci. Niektóre systemy wiary nie zezwalają na ego duszy, które istnieje po śmierci w świecie duchowym. Są też ateiści i agnostycy, którzy nie mogą zaakceptować istnienia we wszechświecie wyższej siły i globalnego porządku. Jak już wspomniałem, niezależnie od wcześniejszych świadomych przekonań, każdy kto znajdzie się w stanie nadświadomości, będzie odkrywał rzeczy podobne do wspomnień pozostałych duchowych podróżników.

Do duchowego regresera z pewnością przyjdą również głęboko myślące osoby o różnorodnych światopoglądach, które poszukują celu życia oraz wewnętrznie spójnej i mającej dla nich sens duchowości. Choć we wszystkich systemach religijnych – wyjąwszy ekstremistów i ich radykalne doktryny – wyznaje się takie wspaniałe wartości jak współczucie, dobroczynność i miłość, jednak przez stulecia instytucje religijne obrosły dogmatycznymi ograniczeniami, które nie cieszą się uznaniem współczesnych umysłów. W pewnym sensie te potężne religie dużo utraciły z istoty indywidualnego duchowego kontaktu z świętością, która zainicjowała ich powstanie, a ludzie nie są zadowoleni z tych zmian.

Historyk Arnold Toynbee stwierdził, że kiedy system wierzeń przeżywa się i przestaje być atrakcyjny jako duchowy wzorzec, jest on modyfikowany albo odrzucany, na co wskazuje cała historia ludzkości. Żyjemy w świecie postrzeganym jako chaotyczny i są tacy, którzy wierzą, że sami przyczyniliśmy się do tego, a inni oskarżają Źródło, które nas stworzyło, i odwracają się od wszelkiej wiary. Przez lata praktyki zobaczyłem, jak wzrasta ilość osób poszukujących nowej duchowej świadomości, która byłaby dostosowana do indywidualnych potrzeb i wolna od pośredników, pragnących narzucać swoją wizję tego, co uznają za duchowe. Wszyscy mamy tendencję do nietolerowania ludzi myślących inaczej, niż my sami. Duchowy regreser mający naturalną skłonność do preferowania własnych prawd, nie powinien w żadnym stopniu dopuścić do zamknięcia się na idee wyrażane przez klientów. Należy pomóc im w osiąganiu zarówno zrozumienia, jak i spokoju w życiu, ale bez narzucania własnych wartości. Wszystko co klienci chcą wiedzieć, znajduje się już w ich umysłach, i zawsze kiedy to możliwe należy pozwolić, by sami rozpoznali, a następnie zinterpretowali swoje wspomnienia. Terapeuta LBL ma również wspomóc klienta w dostrojeniu wibracyjnej energii duszy z falami jego ludzkiego mózgu, a zrozumienie i pozytywna energia uzdrawiająca regresera to kluczowy czynnik w procesie odkrywania przez klienta wewnętrznej wizji jego życia jako duszy.

Próbuję wyjaśniać swoim klientom reprezentującym wiele różnych światopoglądów, że żyjemy w niedoskonałym świecie po to, by docenić doskonałość. Osiągamy postęp poprzez wolną wolę i zmianę, a poszukiwanie wewnętrznej mądrości jest dla nas najważniejsze, ponieważ dopóki nie znajdziemy wiedzy niezależnej od instytucjonalnych doktryn ukształtowanych przez wieki, nie będziemy mogli naprawdę mądrze żyć na współczesnej Ziemi.

Prawdy dzisiejsze są zastępowane przez wyższe prawdy każdego następnego pokolenia, a właśnie postęp wiedzy i wyostrzona świadomość samego siebie stanowią podstawę wyrażania naszej osobistej tożsamości. Jako duchowi regreserzy, wykorzystujący moc hipnozy, zostaliśmy obdarzeni nowym narzędziem służącym terapeutycznej interwencji. Jeśli potrafisz pomagać ludziom w dostrzeganiu w samych sobie boskiego światła i rozbudzać samodoskonalenie, to znaczy, że istotnie przyczyniasz się do ostatecznego oświecenia ludzkiej rasy.

CZĘŚĆ II

Przygotowanie do duchowej regresji

Wymagania stawiane terapeutom LBL

Na jednym ze szkoleń omawiałem wysiłek potrzebny do poprowadzenia ludzi w ich życie między wcieleniami. W trakcie pierwszej przerwy podszedł do mnie jeden z uczestników i powiedział: „Dziękuję bardzo za poświęcony czas, ale zdecydowałem się zrezygnować. Teraz rozumiem, że ta praca jest zbyt trudna. Moja praktyka jest już ustabilizowana i mam swoich klientów, a wymagania jakie stawia przede mną hipnoza stosowana dla duchowej regresji, są dla mnie zbyt wysokie". Odpowiedziałem temu szczeremu hipnoterapeucie, że dobrze się stało, iż dostrzegł ten problem właśnie teraz, a nie później.

Nie ma żadnych wątpliwości, że trzy do czterech godzin intensywnej pracy, żonglowania wieloma piłkami na raz bez przerwy i odpoczynku, jest bardzo wymagające. Co najistotniejsze, trzeba sobie poradzić z interakcją wiecznej duszy klienta z mentalnymi procesami jego obecnego ludzkiego mózgu, gdyż przerwa w integracji obu ego może spowodować konflikt między nimi. Praktyk LBL musi uporać się z tą dualnością umysłu klienta, jednocześnie udoskonalając i właściwie modulując długie fazy duchowych wizualizacji, aby wspomóc bezproblemowe przejście do obszaru świata dusz. Należy więc bezustannie śledzić jego mentalną podróż poprzez geografię świata duchowego, co nazywam mapowaniem.

Motywacje, lęki, obraz samego siebie i oczekiwania klienta są kształtowane przez fizyczny, emocjonalny i mentalny charakter jego obecnego ciała, a na te elementy temperamentu wpływają pochodzące od duszy: zrozumienie, intuicja i wyobraźnia. Kiedy zagłębiony w transie hipnotycznym klient opowiada o swoim duchowym życiu, komunikuje to poprzez swoje obecne, śmiertelne ciało, co może być dla niego dezorientujące i spowodować mentalne cierpienie. Kiedy w umyśle otwiera się dramatyzm życia po śmierci, jego transpersonalny obraz istnienia po drugiej stronie jest zależny od tego, jak bardzo potrafi spojrzeć prawdzie w oczy, kiedy dostrzega swoje rzeczywiste „ja".

Kolejną, ważną kwestią w praktyce LBL jest koncentracja na wielu karmicznych doświadczeniach, które klient przechodził w swoich poprzednich inkarnacjach, co jest konieczne do zrozumienia związków przyczynowo-skutkowych wpływających na jego obecne życie. Dzięki poznaniu duchowego połączenia pomiędzy inkarnacjami, terapia LBL stanowi nieocenioną pomoc w rozwoju umiejętności terapeuty w zakresie regresji w poprzednie wcielenia. W trakcie przechodzenia z klientem tam i z powrotem poprzez różne stany hipnotyczne, z obecnego życia w inne, do świata dusz, itd., może pojawić się potrzeba stosowania technik zarówno permisywnych jak i autorytarnych. Jednocześnie dużo zależy od otwartości samego klienta, która w świecie dusz może być całkowicie inna niż w trakcie wizualizacji poprzednich wcieleń.

Duchowy terapeuta LBL powinien pomóc swoim klientom w wizualizacjach, pozwalając im dostrzec właściwe związki pomiędzy odkrywanymi informacjami, dzięki czemu będą mogli pojąć swoją duchową tożsamość i cel obecnego, ziemskiego życia. Taka sesja LBL zakończy się sukcesem i wzmocni klienta. Dla samego regresera proces LBL jest z pewnością żmudny i wymaga zarówno wielu umiejętności, jak i dużej wytrwałości. Choć nie należy wchodzić w poufne relacje z klientami, jednak współczucie i empatia to jak najbardziej pożądane cechy u terapeuty. Klient przychodzi z problemem, a w rozwiązaniu go mogą pomóc odnalezienie przyczyny pojawienia się w takim a nie innym ciele, a także wszelkie informacje uzyskane od przewodników i mistrzów duchowych. Jeśli hipnoterapeuta posiada właściwe nastawienie wobec klienta i cechuje go odpowiednia troska o jego dobro, trudno mu pozostać obojętnym na to, z czym się spotyka. Sam jestem bardzo wyczerpany po każdej duchowej sesji, a w późniejszym oczyszczeniu umysłu pomagają mi intensywne górskie wędrówki.

Waga szkolenia i doświadczenia

Moje wykłady na temat LBL przyciągają zarówno licencjonowanych terapeutów, jak i dyplomowanych hipnoterapeutów. Do rozpoczęcia szkolenia w zakresie terapii LBL wymagany jest trening w zakresie podstawowej i zaawansowanej hipnoterapii oraz kilka lat prywatnej praktyki. W ciężkiej pracy duchowego regresera na pewno ogromną pomoc stanowi wcześniejsza praktyka z klientami na bazie regresji w poprzednie wcielenia. Choć nie trzeba być dyplomowanym psychologiem, psychoterapeutą ani doradcą, aby doskonale radzić sobie jako hipnoterapeuta, to spotykając klientów z poważnymi problemami każda ilość doświadczenia w doradztwie psychologicznym jest nieoceniona.

Terapeuci powinni rozpoznać swój poziom kompetencji oraz profesjonalnych kwalifikacji, aby pozostać w zgodzie z etyką. Absolutnie nie wolno stosować procedur terapeutycznych, które wykraczają poza zakres przebytego szkolenia. Uważam, że im większe kwalifikacje akademickie oraz doświadczenie zawodowe posiada terapeuta LBL, który asystuje swoim klientom przy poszukiwaniu prawdy o sobie, tym lepiej dla nich obu.

Wysoki poziom samoświadomości terapeuty LBL jest niezmiernie istotny, gdyż ma bezpośredni związek z jego wpływem na klienta, a osobista energia terapeuty uzależniona jest w dużym stopniu od jego intuicji, motywacji i prawości. Bardzo szanuję filozofię taoistyczną, która mówi, iż inspiracja pojawia się wtedy, gdy świadomy umysł ustępuje drogi naturalnej podświadomej energii. W pewnym sensie nasza kosmiczna chi (energia) jest źródłem cielesnej harmonii i czystości, a umiejętność wyostrzonego wewnętrznego skupienia to podstawa dobrej terapii.

Najlepsi regreserzy mają ten rodzaj percepcji, który pozwala im pozyskiwać informacje bez użycia świadomego myślenia i w trakcie pracy mają bardzo dobre wyczucie tego, co w danym momencie dzieje się z klientem. Należy pamiętać, że w czasie terapii LBL istnieje możliwość, by zarówno prowadzący sesję jak i osoba poddana hipnozie otrzymywali pomoc od swoich przewodników, dlatego tak ważne jest, aby rozpoznawać te chwile, szczególnie w sprawach behawioralnych dotyczących podejmowania wyborów i rozwiązywania problemów.

Wierzę, że można nauczyć się rozpoznawania i analizy symboli, które ilustrują doświadczenia ze świata dusz i nie mogą być zdefiniowane w materialny sposób. Mogą one obrazować coś znanego nam z Ziemi, co jednocześnie może być zastosowane w wizualizacjach wydarzeń ze świata dusz. Muszę zupełnie szczerze przyznać, że są takie chwile w czasie sesji, kiedy czuję, że bezwiednie stosuję telepatię. Gdybym nie blokował świadomie swojego procesu myślowego w ważnych momentach pracy z klientem, który mógłby przechwycić moje myśli, stanowiłoby to ogromną przeszkodą w poprawnym prowadzeniu sesji.

W mojej praktyce LBL pomagają mi codzienna medytacja i kontrolowane oddychanie. W jodze prana oznacza siłę życia lub energię manifestującą się w nas poprzez oddech. Jako duchowy regreser czasami w trakcie sesji manipuluję swoim oddychaniem, by wkroczyć w umyśle na wyższe poziomy świadomości, a czasami wchodzę nawet w samodzielnie wywołany stan płytkiego transu, aby w większym stopniu otworzyć się na duchowe siły, które wyczuwam wokół siebie.

Proszę zrozumieć, że prana nie jest samym oddechem, ani tlenem zawartym w oddechu, ale energią związaną z oddychaniem. Dzięki niej można połączyć się z uniwersalną siłą życia wszystkich istot. Poświęciłem wiele czasu na szkolenie się w odszukiwaniu ścieżek energetycznych, którymi mogę docierać do umysłu klienta, za każdym razem prosząc o pomoc mojego przewodnika i przewodników klienta. Na początku otwieram swój umysł i proszę o wskazówki, przez co staram się raczej odbierać informacje, niż je wysyłać, a swoim klientom zawsze przekazuję poczucie zaufania i dodaję im otuchy.

By zostać dobrym duchowym terapeutą bardzo ważna jest umiejętność słuchania, a także udzielenie klientowi pierwszeństwa w interpretacji jego własnych, metaforycznych symboli w oparciu o jego osobiste doświadczenia. Dopiero w drugiej kolejności terapeuta może zaproponować swoje rozwiązania i znaczenia. Nie tak łatwo nauczyć studentów, kiedy mają mówić, a kiedy siedzieć cicho – tej trudnej do utrzymania równowagi pomiędzy zadawaniem pytań a słuchaniem. W terapii LBL trzeba nauczyć się oceniać, w którym momencie zaoferować klientowi pomoc w zrozumieniu wizualizacji, nad którą on sam spędził już trochę czasu. To oczywiście przychodzi wraz ze szkoleniem i praktyką, co w połączeniu z kreatywnością ma niebagatelny wpływ na rozwój intuicji terapeuty.

Praktyka hipnozy w życie między wcieleniami

Odkąd na rynku wydawniczym pojawiły się moje książki, skontaktowało się ze mną wielu hipnoterapeutów. Wielu twierdzi, że mając już pewne doświadczenie w regresji w poprzednie wcielenia, może bez problemu uczynić następny krok i podjąć terapię LBL. Mijają się jednak z prawdą.

Niestety, większość regreserów działających w obszarze poprzednich wcieleń potrafi jedynie przeprowadzić klientów z jednego wcześniejszego życia w następne, a niektórzy nadal wierzą, że czas pomiędzy wcieleniami, to jakaś szara otchłań bez większego znaczenia. Pogląd ten odchodzi powoli w zapomnienie, ale czasami zastanawiam się, czy nie wziął się ze starożytnej Tybetańskiej Księgi Zmarłych, w której można przeczytać, że „czas pomiędzy wcieleniami w Bardo trwa najwyżej siedem tygodni".

We wprowadzeniu do moich książek wyjaśniam, że poznanie dróg prowadzących do świata dusz, które dla większości klientów wydawały się naturalne, zajęło mi dużo czasu. Od chwili kiedy pierwszy klient LBL otworzył drzwi mojego gabinetu, konieczne było wiele sesji hipnotycznych mapujących świat dusz, zanim mogłem swobodnie prowadzić terapię zgodnie z obecnie stosowanymi procedurami. Mimo tysięcy przebadanych klientów nadal uważam, że dotknąłem zaledwie powierzchni duchowej rzeczywistości.

Każdy nowy terapeuta LBL odnajduje swój własny styl pracy. Każdy uczy się, co najlepiej działa w jego przypadku, aby spowodować gładkie przejście z podświadomego umysłu klienta do duchowego domu nadświadomości, co pozwala na dotarcie do nieśmiertelnej pamięci każdej duszy. Nikt nie uchroni się przed przeprowadzeniem eksperymentu z teorią, którą przeczytał w moich książkach czy poznał w trakcie szkolenia, gdyż najważniejsza jest indywidualna praktyka.

Co jakiś czas odbieram telefon od terapeutów, którzy prowadzą regresje w poprzednie wcielenia i pytają: „Co robię źle? Dlaczego nie mogę wprowadzić moich klientów w wymiar życia między wcieleniami?". Zawsze odpowiadam pytaniem: „Jak długo trwają twoje sesje?". I co słyszę w odpowiedzi? – „Och, wiesz, jak zwykle 45 minut do jednej godziny". Nie poruszam w takim przypadku dalszych zagadnień metodologicznych, gdyż to jest podstawowym problemem. Aby skutecznie działać w ramach terapii LBL, trzeba zarezerwować sobie okres co najmniej trzech do czterech godzin. Niektórzy wtedy konstatują zdziwieni: „Czy wyobrażasz sobie, że będę mógł wyrobić moją normę, jak będę przyjmował jednego lub dwóch klientów dziennie?".

Staram się delikatnie wyjaśniać, że może nie powinni decydować się na pracę z duchową regresją, chyba że na tę terapię są gotowi przeznaczyć przynajmniej jeden lub dwa dni w tygodniu. Jest to dobra rada dla wszystkich i pozwala uniknąć „wypalenia". Opowiadam jednak moim studentom, jak sam wiele lat temu nie działałem zgodnie z tą sugestią, kiedy ogarnięty obsesją potęgi tej pracy przyjmowałem już klientów jedynie na terapię LBL. Niektóre przeszkolone przeze mnie osoby poszły w moje ślady i mam nadzieję, że poziom ich energii pozostanie wysoki. Mówiąc zupełnie szczerze, ta praca jest tak wyczerpująca, że według mnie przyjmowanie więcej niż jednego klienta dziennie jest głupotą.

Ile sesji powinien przejść jeden klient? Zanim rozpocząłem szkolenia innych terapeutów, klienci przyjeżdżali do mnie z całego świata, a ja mogłem im przeznaczyć tylko jeden dzień. Jest jednak znacznie lepszy sposób. Kiedy jeszcze nie zasypano mnie masą próśb o przeprowadzenie tej terapii, jeden klient przechodził u mnie przez trzy sesje, a każda następna opierała się na poprzedniej:

A. Rozpoczynałem od rozmowy wstępnej i lekkiej, półgodzinnej sesji hipnozy, by określić otwartość klienta. Jeśli byłem niezadowolony z poziomu uzyskanego transu, klient przychodził do mnie na więcej sesji treningowych.

B. Druga sesja była zwykle poświęcona dotarciu z klientem do jego dzieciństwa, łona jego matki i ostatniego wcielenia, ale z pominięciem sceny śmierci i wejścia do świata dusz.

C. W końcowej, długiej sesji LBL szybko przechodziłem z klientem do końca wcielenia przeglądanego w poprzedniej sesji, a po przejściu sceny śmierci wchodziliśmy do świata dusz, by utrzymać ciągłość wizji klienta jako duszy. Zawsze staram się nie przerywać tego fragmentu pamięci klienta i utrzymać go w jednej części.

Warto pamiętać, iż klienci chcą zachować przebieg swoich sesji na taśmie magnetofonowej. Polecam wykorzystywanie dwóch magnetofonów na wypadek, gdyby jeden z nich miał się popsuć w trakcie terapii. Dzięki temu terapeuta może pozostawić sobie jedną kopię nagrania, jeśli coś by się stało z oryginalnym nagraniem klienta. Bardzo ważne jest użycie wysokiej jakości mikrofonów, ponieważ osoby w transie hipnotycznym często mówią bardzo cichym głosem.

Nagrywanie sesji można rozpocząć natychmiast po wprowadzeniu klienta w stan hipnozy, w momencie kiedy zacznie przypominać sobie swoje poprzednie wcielenie lub też zaraz po przejściu przez scenę śmierci. Zwykle włączam magnetofon po scenie śmierci, ponieważ mogę wtedy streścić to skrócone poprzednie życie, tak by cała taśma była przeznaczona na zapis życia klienta w stanie duchowym.

Rozmowa wprowadzająca

Na pierwszym spotkaniu z klientem najważniejsze jest uzgodnienie celów jego i terapeuty, aby nadchodząca sesja regresji w życie między wcieleniami była jak najbardziej wartościowa. Najlepsze efekty osiąga się wtedy, gdy klient z wyprzedzeniem wie, jakich procedur będzie używał terapeuta krok po kroku, co wcale nie zmniejsza aury tajemniczości i podziwu klienta. Wyjaśniam mu, że nasz związek będzie polegał na wspólnej podróży do świata dusz.

W trakcie pierwszej rozmowy telefonicznej warto dowiedzieć się czegoś więcej o przeszłości klienta, a szczególnie o wszelkich doświadczeniach z hipnozą. Specjaliści regresji LBL mają na ogół klientów z dala od swojego miejsca zamieszkania. Jeśli z relacji klienta wynika, że jego poprzednie kontakty z hipnozą nie były zbyt poważne, albo niezadawalające z jakiegokolwiek powodu, należy poprosić go o obszerniejsze wyjaśnienia tych okoliczności. Jeśli ma on jakieś zahamowania wobec hipnozy, trzeba to natychmiast omówić, aby zapobiec ewentualnemu autosabotażowi. Nowych klientów mieszkających daleko ode mnie, którzy nie przeszli jeszcze żadnej hipnozy, rutynowo zachęcam do odwiedzenia jakiegoś hipnoterapeuty w ich rejonie nawet na jedną krótką sesję, by sprawdzili czy są w stanie osiągnąć stan transu. Takie rozwiązanie oszczędza czas i pieniądze wszystkim zainteresowanym. Ale niektórzy i tak będą chcieli przyjechać, czego oczywiście nie można im zabronić.

Wielu przyjeżdżających do mnie klientów, którzy mają już za sobą doświadczenia z hipnozą, mówi: „W czasie poprzedniej hipnozy nie zauważyłem, bym naprawdę zasnął". Nikt wcześniej nie dołożył starań, aby wyjaśnić im, że hipnoza nie polega na spaniu, bo jak mogliby wtedy odpowiadać na pytania? Wydaje się to takie zasadnicze, a mimo to nie powiedziano im o różnicy pomiędzy zmienionym stanem świadomości w transie i rzeczywistym stanie głębokiego snu – Delta. Przedstawiam klientowi każdy z naturalnych etapów hipnozy i wskazuję, jak głęboko sam go poprowadzę. Jest to szczególnie ważne w odniesieniu do hipnozy w życie między wcieleniami, ponieważ jest ona nowym doświadczeniem w głębokim transie nawet dla tych, którzy przechodzili przez hipnozę już wcześniej.

Pragnę, aby moi klienci zrozumieli nieco sam mechaniczny proces hipnozy, i nie przeciążam ich klinicznymi szczegółami. Zbyt drobiazgowa wiedza techniczna o głębi transu sprawia, że niektórzy są w początkowej fazie sesji zbyt zajęci analizą tego, co doświadczają. Z drugiej strony chcę, aby klient jeszcze przed rozpoczęciem sesji był świadomy, że poświęcamy tak dużo czasu na fizyczną relaksację i ćwiczenia wizualizacyjne dla zapewnienia właściwej głębokości transu w czasie duchowej regresji. W zasadzie ograniczam moje rozmowy o odmiennych stanach świadomości do następujących kwestii:

1. Stan Beta jest stanem pełnej przebudzonej świadomości.

2. Stany Alfa obejmują lekki, średni i głębszy stan transu.

a) lżejszy występuje zwykle w czasie medytacji;

b) średni potrzebny jest zazwyczaj do odkrycia pamięci z dzieciństwa i urazów psychicznych z przeszłości, i jest przydatny do modyfikacji behawioralnej, takiej jak porzucanie nałogu palenia i powiększania albo redukcji wagi ciała;

c) głęboki stan pozwala na odkrywanie pamięci o poprzednich wcieleniach.

3. Stan Theta jest tak głęboki, jak stan występujący tuż przed utratą świadomości. Objawia on obszary nadświadomego umysłu, w którym zawarty jest zapis naszej duchowej aktywności pomiędzy wcieleniami.

4. Stan Delta to głęboki, nieświadomy sen.

Kiedy przedstawiam w skrócie te informacje klientowi, uspokajam go, że wszystkie te etapy przechodzimy każdego wieczora, kiedy kładziemy się spać, a później w drugą stronę, kiedy budzimy się rano. Nie komplikuję sprawy i nie rozwodzę się nad tym, jak wszystkie te etapy występują jednocześnie w różnych częściach mózgu, co pomaga uzyskiwać werbalne odpowiedzi klienta. Polecałbym także, by unikać dywagacji na temat fluktuacji fal mózgowych, chociaż warto wspomnieć, że fale głębszych stanów Alfa i Theta, które objawiają pamięć naszych dusz, ukazują większe i bardziej otwarte wahania energii, niż fale umysłu nieświadomego.

Próbuję przedstawić uproszczoną wersję odmienionych stanów świadomości w formie lekkiej rozmowy, aby uwolnić klienta od jakiegokolwiek niepokoju spowodowanego przekonaniem, że hipnoza to coś „nienaturalnego" lub „tajemniczego". Pomocne są także niebezpośrednie sugestie w postaci anegdot. Wiem, że niektórzy hipnoterapeuci dla efektu pragną podtrzymać klientów w przekonaniu, że proces transu jest tajemniczy. Jak już jednak powiedziałem, chcę by klient poddany terapii LBL wiedział, że jest to wspólny wysiłek. Jeśli aktywnie się włączy i będzie czuł, że ma kontrolę nad głębią transu potrzebną do pracy z regresją LBL, w większym stopniu zaangażuje się w długich fazach pogłębiania hipnozy.

W duchowej regresji szczególnie ważne jest ustanowienie wysokiego poziomu zaufania pomiędzy terapeutą i klientem jeszcze w czasie wstępnej rozmowy, kiedy dowiaduje się, jak regreser pojmuje podróż jego duszy. Gdy terapeuta zwraca uwagę na miejsce klienta na drodze życia, on analizuje wiedzę, pewność siebie, wrażliwość i wnikliwość osoby, której ma zaufać. Nawet jeśli klient już wcześniej przeszedł regresję w poprzednie wcielenia, to jego doświadczenia w hipnozie w życie między wcieleniami będą dużo głębsze, ponieważ związane są z jego nieśmiertelnością.

Na wstępnej rozmowie staram się usunąć wszelkie obawy klienta wobec tego, co odkryje o sobie samym. Wyjaśniam jak wiele osób przeszło już poprzednio przez taką sesję, której rezultaty przyczyniły się do ich rozwoju i wzmocnienia. Nie chcę, by klient niepokoił się tym, że mógłby doświadczyć wysoce uczuciowych przeżyć, choć w każdej sesji są chwile, kiedy klienci napotykają jakieś emocjonalne przeszkody.

Niektóre z nich pojawią się na etapach odkrywania swojej prawdziwej tożsamości, popełnionych błędów oraz poziomu zaawansowania duchowego. I chociaż zdarzają się chwile zniechęcenia, w miarę rozwoju sesji staje się ona dla nich źródłem coraz większego oświecenia. Dostrzegają wtedy, że niedoskonałość jest jak najbardziej częścią rozwoju.

Klienci zawsze dostrzegają spokój panujący w ich życiu w świecie dusz, stając się świadomymi otaczających ich zewsząd współczucia, wielkoduszności i miłości. To doświadczenie jest tak pocieszające i podnoszące na duchu, że kiedy terapeuta przekazuje im sugestie posthipnotyczne, będą świadomie pamiętać te piękne wizje świata dusz, opuszczając gabinet z odświeżonymi nadziejami na swoje obecne życie.

W czasie spotkania wstępnego wyjaśniam klientom, że w bardzo relaksujący sposób przeniosę ich z powrotem do duchowego domu. W czasie mentalnego połączenia ze światem dusz klient odczuwa tymczasową wolność od zawieruchy materialnego świata i właśnie dlatego niektóre osoby faktycznie opierają się przed wyjściem z hipnozy na koniec duchowej regresji. Mówię im, że wejście do świata dusz będzie jak oglądanie filmu o samym sobie, a kiedy wchodzimy do przyciemnionej sali kinowej i nie znamy jeszcze fabuły filmu, odnosimy wrażenie, że klatki przesuwają się jakby wolniej. W późniejszej części, kiedy lepiej rozumiemy bieg akcji, wszystko dzieje się szybciej, tak jakby kinooperator zwiększał szybkość pracy rzutnika. Wynika to z faktu, że wkrótce klient sam staje się częścią przedstawianych scen i zostaje nimi pochłonięty.

Te dyskusje, które terapeuta odbywa z klientem zanim zacznie się rzeczywista regresja LBL, są bardzo ważne, gdyż mają zapewnić jak największy komfort osoby hipnotyzowanej w trakcie sesji. Należy pamiętać, że sam mechaniczny proces hipnozy nie zależy od stopnia zaangażowania czy motywacji klienta. Pomimo intensywności jej pragnień, osoba mniej podatna na hipnozę nie osiągnie stanu tak głębokiego transu, jak osoba bardziej na nią wrażliwa.

Dotychczasowe poglądy klienta

Poglądy klienta na temat ideologii omówiłem już w Części I, w rozdziale dotyczącym systemów wierzeń. Istnieją jeszcze inne zapatrywania klienta, mogące utrudnić mu rozpoczęcie sesji regresji LBL z otwartym umysłem, i należy zająć się nimi właśnie w czasie rozmowy wstępnej. Nowi klienci relacjonują często, że odwiedzali już różnych astrologów, jasnowidzów, uzdrowicieli, odbiorców przekazów channellingowych i innych praktyków metafizycznych dziedzin, którzy opisali ich stopień duchowego zaawansowania, miejsce w świecie duchowym, bratnie dusze, przewodników oraz wiele innych duchowych spraw.

Nigdy nie próbuję pomniejszać lub oczerniać źródeł wiedzy spoza mojego obszaru specjalności, choć klienci mogą mieć pewne uprzedzenia, ukształtowane przez wcześniej uzyskane o sobie informacje, które później często okazują się nieprawdziwe, gdy już znajdą się w stanie nadświadomości. W każdej dziedzinie istnieją zarówno dobrzy, jak i niezbyt profesjonalni praktycy. Klient sam będzie w stanie rozpoznać tę różnicę, kiedy przeniesie się swoim umysłem do świata dusz. Wspomniałem już, że nowi klienci mogą mieć przyjęte z góry duchowe wyobrażenia na podstawie lektury moich książek. Oto typowy tego przykład:

Doktorze Newton, zobaczysz, że jestem niebieskim światłem z Poziomu VI. Wiem (albo ktoś mi powiedział), że jestem już prawie wstępującym mistrzem, ponieważ jest to moje ostatnie życie na Ziemi.

Do takich stwierdzeń należy się oczywiście odnosić z szacunkiem. Mówiąc szczerze, odkrywam zwykle, że są to jedynie

36

pobożne życzenia klientów, których czeka na sesji spora lekcja pokory. Miałem także klientów, którzy twierdzili, że po lekturze moich książek czują, iż są zupełnie na początku. I taka skromna samoocena może być tak samo nieprawdziwa. Każdy terapeuta powinien również uważać na własne uprzedzenia i początkowe wyobrażenia.

Pamiętam Harriet, kelnerkę z postoju dla ciężarówek, z miasteczka na pustynnych rozdrożach niedaleko Doliny Śmierci w Kaliforni. Przyjechała do mojego gabinetu starym, zdezelowanym samochodem, ubrana w niegustowne, wymięte ubranie w szkocką kratę. Byłem zupełnie zaskoczony jej bezpretensjonalnym i pospolitym zachowaniem, aż do momentu, gdy mnie uściskała. Jej wewnętrzna energia niemal zupełnie wyrwała mnie w górę. Jak się okazało w trakcie sesji, była jedną z najbardziej zaawansowanych dusz, jakie kiedykolwiek spotkałem.

Harriet była duszą hybrydyczną, której pierwsze inkarnacje miały miejsce dawno temu na jakimś pustynnym świecie. Istoty żyjące tam praktykowały wymianę osobowości poprzez pewnego rodzaju wzajemne mentalne przeniesienie do umysłu drugiej osoby. W obecnym życiu na Ziemi, podawała w środku nocy kawę zmęczonym i zniechęconym transkontynentalnym kierowcom ciężarówek, rozmawiała z nimi i starała się poprawić ich samopoczucie. W końcu dowiedziałem się, że Harriet przyjechała do mnie, by pomóc mi w duchowych poszukiwaniach, po tym jak usłyszała audycję z moim udziałem w programie radiowym.

Bardzo miło wspominam przypadek Andy'ego – chłopaka o wielkich aspiracjach. Niektórzy krytycy regresji hipnotycznej twierdzą, że ludzie przychodzą na takie sesje z wcześniej wyrobionymi opiniami. I kiedy już się znajdą w stanie transu, wymyślają zupełnie fantastyczne sceny mające wspierać ich własny światopogląd. Przykład Andy'ego jest jednym z tych, które przeczą temu pokrętnemu argumentowi.

Andy'ego przysłała do mnie jego bardzo spostrzegawcza mama, w ramach prezentu na dwudzieste pierwsze urodziny. Było to jeszcze zanim zaprzestałem przyjmowania tak młodych klientów. Do mojego gabinetu wszedł z wielką pewnością siebie, na granicy zarozumiałości, wysoki, dobrze zbudowany młodzieniec, ubrany w krótkie spodnie oraz klapki, i głośno oznajmił: „Cześć doktorku, jestem gotowy – zaczynajmy!''. Kiedy omawiałem procedury hipnotyczne, których mieliśmy używać, włącznie z jego poprzednim życiem, Andy zaczął się niecierpliwić i powiedział, że jest bardzo popularny w szkole i oczekuje, że w ostatnim życiu zapewne roztaczał swoje potężne wpływy nad wielkimi grupami ludzi.

W momencie naszej sesji, w którym powiedziałem Andy'emu by wszedł do najważniejszej sceny z ostatniego życia, jego twarz zachmurzyła się i kręcąc się w fotelu, przemówił do mnie niskim, niemal złowieszczym tonem:

Andy: – O, nie!

Dr N. – Wyjaśnij mi, co widzisz.

Andy: – O Boże! Nie! Do diabła! Nic – to nie ja – to nie prawda... Ja... absolutnie, to nie mogę być ja! Ja tego w ogóle nie zaakceptuję...

Dr N. – Spróbuj się odprężyć i po prostu podążaj za tą sceną, próbując nie analizować zbyt wiele w tym momencie. Możemy się przesuwać tak szybko, jak tylko chcesz.

Andy: (zrezygnowany) – To jestem ja...

Dr N. – Kim jesteś? Zacznijmy od tego jak wyglądasz i powiedz mi, gdzie jesteśmy.

Andy: (rozgoryczony) – Jestem... czarnoskórym włóczęgą idącym wzdłuż torów kolejowych... Jezu, jestem taki brudny... głodny... Na imię mam Otis. Noszę podartą, wyblakłą flanelową koszulę, stare rozdarte skórzane buty, obrzydliwy brązowy płaszcz i spodnie... Ciągle kaszlę.

W dalszym ciągu sesji okazało się, że Otis był ubogim dzierżawcą rolnym na wsi w stanie Georgia w 1934 r., który miał umrzeć jeszcze tego samego dnia w wieku czterdziestu pięciu lat. Kiedy już dotarliśmy do świata dusz, dowiedzieliśmy się, że Andy przeszedł przez wiele wcieleń, w których był arogancki i wykorzystywał innych ludzi. Ofiarowano mu życie bezpretensjonalnego Otisa. Pod koniec sesji mieliśmy z Andy'm otrzeźwiającą rozmowę na temat jego obecnej postawy oraz braku to-

38

lerancji dla innych, co miało swoje korzenie jeszcze w starych wzorcach zachowań.

Jestem uważny, kiedy chodzi o czułe punkty moich klientów, gdyż nie do mnie należy wykazywanie przed sesją mylności ich poglądów i przekonań. Wolę by nastąpiło to niejako automatycznie w trakcie odkrywania ich tożsamości i historii duchowej. Nie należy się dziwić, że czasami klienci doświadczają w swoich umysłach scen, przed którymi chcą się bronić. Jednak poza korzyściami wynikającymi z naturalnej sekwencji wizualizacji pragnę, by klienci zrozumieli, że w odkrywaniu tego, co potrzebują wiedzieć, asystuje im ich osobisty przewodnik. Może to być bowiem bolesny proces, jak pokazał przypadek Andy'ego, który próbował odciąć się od związku z Otisem.

Czasami w trakcie rozmowy wstępnej klient pyta: „A co jeśli będę sobie to wszystko wymyślał w trakcie sesji?". Wyjaśniam wtedy, że to wysoce nieprawdopodobne, by móc swobodnie fantazjować o świecie dusz w czasie głębokiej hipnozy, ponieważ osoby w tak głębokim transie są bardzo uczciwe i całkiem dosłownie wyrażają się o tym, co widzą i czują. Zwracam następnie uwagę na zdroworozsądkowe podejście do tej kwestii i pytam: „W jakim celu osoba przyjeżdżająca do mnie z bardzo daleka i płacąca mi honorarium, miałaby wymyślać własne fantazje? Przecież to oszukiwanie samego siebie". Na koniec informuję, że prawda emanująca z pamięci przechowywanej w nieświadomym umyśle jest wzmacniana przez zdolność myślenia i rozumowania świadomego umysłu, który jest nadal aktywny. Pytania zadawane przez osobę prowadzącą sesję stymulują zdolność rozumowania klienta, ponieważ umysły świadomy i nieświadomy zaangażowane są jednocześnie.

W trakcie sesji klienci mogą być przytłoczeni ilością informacji o swoim życiu duchowym, które docierają do nich ze stanu nadświadomości. Niektórzy pytają: „Czy nie sądzisz, że to wszystko właśnie sobie wymyśliłem?". Na takie pytanie można odpowiedzieć na wiele sposobów. Na początek pytam: „A co ty o tym myślisz?", a następnie: „Czy ufasz sobie, że jesteś ze mną całkowicie szczery, kiedy opisujesz to, co widzisz i czujesz, wiedząc że to jest dobre dla ciebie?". Klientowi, który kwestionuje konkretną scenę, mówię: „Zapytaj swojego przewodnika (Radę Starszych albo bratnią duszę) o prawo do akceptowania własnych informacji związanych z tym, co do ciebie mówią". Na koniec sesji LBL większość klientów przyznaje, iż czują, że ich wizualizacje są prawdziwe.

W trakcie przygotowywania klienta do duchowej regresji absolutnie nie wolno składać żadnych obietnic odnośnie tego, co ujrzy w trakcie sesji. Terapeuta nie ma pojęcia o tym, co jest ukryte w umyśle klienta, ani też nie wie, jak on będzie te wspomnienia wyszukiwał i akceptował. Szczerze wyjaśniam to każdemu klientowi zawczasu. Większość osób relacjonuje po sesji, że była ona jednym z najgłębszych umysłowych doświadczeń ich życia, choć zdarzają się niezadowoleni klienci, którzy nie odnaleźli tego, czego poszukiwali, albo ich życie nie odmieniło się na lepsze. Istnieją na tym świecie osoby nieszczęśliwe, które oczekują od duchowego regresera, aby w jakiś sposób wytworzył informacje, których nie ma ani w ich umyśle, ani które nie są blokowane. W gruncie rzeczy chcą, aby terapeuta naprawił to, co jest niewłaściwe w ich życiu, bez podejmowania przez siebie większej osobistej odpowiedzialności.

Lista postaci z życia klienta

Kiedy prowadzę mój początkowy wywiad z klientem, przeglądam listy, które przysłał do mnie, opisując swoje życie i cele, co pozwala mi odświeżyć moją wiedzę o nim. Interesuje mnie szczególnie powód, dla którego chce, by poprowadzić go w życie między wcieleniami. Kiedy rozpoczynałem moje badania, zakładałem, że ludzie najbardziej pragną dowiedzieć się, kim są ich przewodnicy, poznać własne skupiska dusz i czym zajmują się jako dusze w życiu między wcieleniami. Wszystkie te informacje są wartościowe, ale najważniejszą przyczyną zdecydowania się na regresję w życie między wcieleniami jest pragnienie poznania powodu i celu pojawienia w tej inkarnacji na Ziemi.

W poszukiwaniu odpowiedzi na pytanie o cel życia jednym ze sposobów jest przejrzenie listy najważniejszych osób z życia klienta. Wszystkie one mają do odegrania w jego życiu bardzo ważne role, które mogą nie być w pełni zrozumiałe, aż nie zostanie to ujawnione po ich identyfikacji w świecie dusz. Proszę klienta by przyniósł ze sobą listę tych osób, spisaną na kartce papieru wraz z krótkim opisem każdej z nich. Zapisuję wszystkich krewnych i osoby spoza rodziny w kolejności ich pojawiania się w życiu klienta, co stanowi dla mnie dużą pomoc w trakcie sesji.

Część mojego listu do klienta potwierdzającego umówione spotkanie zawiera następującą treść:

„Aby pomóc mi w pracy z twoją grupą dusz w czasie nadchodzącej sesji, przygotuj listę imion osób, które wpłynęły na twoje życie wraz z opisem związku, jaki cię z nimi łączy. Powinieneś ująć: rodziców, dziadków i babcie, ciocie i wujków, braci i siostry, partnerów i małżon-

*ków, dzieci, kochanków i najlepszych przyjaciół. Lista
ta powinna być jak najbardziej zwięzła, zawierając tylko
osoby najbardziej znaczące. Dodaj też po kilka słów opi-
su ich osobowości. Przykład: Bill – najlepszy przyjaciel,
dowcipny, uduchowiony, obiektywny, śmiały.*

Kiedy przeglądam tę listę z klientem przed rozpoczęciem
sesji, często używam pewnej przenośni, która jest podobna
do używanych przeze mnie analogii z przedstawieniem teatral-
nym. Wyjaśniam, że osobom z tej przygotowanej listy wyzna-
czono role sceniczne w wielkiej sztuce życia, i że ci aktorzy
i aktorki odgrywają role drugoplanowe w stosunku do pierw-
szoplanowej roli klienta. Obsada w formie listy postaci jest dla
mnie programem przedstawienia, którego akcji przyglądam się,
siedząc w pierwszym rzędzie.

Klientowi mówię, że ta lista jest potrzebna mnie, a nie jemu.
Jeśli w trakcie sesji dostrzeże ważną osobę, która nie została ujęta,
to nie ma to większego znaczenia, ponieważ istotne osoby pojawiają się niezależnie od tego, kogo klient uważa za osobę ważną,
a kogo nie. Jeśli na przykład moja klientka Jane mentalnie podchodzi do swojej grupy dusz i nagle wykrzykuje: „Och, to Jim do mnie
podchodzi!", to wystarczy, że tylko spojrzę na moją listę, by dowiedzieć się, że Jim był pierwszą, licealną miłością Jane. Według
tej samej zasady, nie potrzebuję wiedzieć kim jest ciocia Millie
w jej życiu, jeśli nie miała ona dla niej większego znaczenia.

Kiedy omawiam temat znaczących osób w życiu klienta,
przychodzi mi na myśl inna istotna kwestia związana z nowymi
klientami. Czasami ktoś pyta: „Mój mąż (żona, rodzeństwo lub
przyjaciel) chce być ze mną w czasie sesji LBL. Czy to możliwe?". Stanowczo odradzam zezwalanie na jakąkolwiek obecność
innych osób na sesji z kilku powodów. Po pierwsze, przeszkadza to w przebiegu sesji, co odkryłem na samym początku mojej praktyki, gdyż świadomy umysł klienta zdaje sobie sprawę,
że w trakcie sesji obecna jest trzecia osoba.

Prywatność polega na prawie klienta do wyjawienia lub utrzymania czegoś w sekrecie. Osoba poddana hipnozie musi być wolna od ciężaru nadzoru sprawianego przez inne osoby w intym-

ności duchowej regresji. Kiedy klient wie, że ktoś z rodziny lub
przyjaciel patrzy i przysłuchuje się jej najbardziej intymnym my-
ślom, narasta w niej wewnętrzny konflikt. Dotyczy to szczególnie ich partnerów. Uważam, że poufność musi być zapewniona.
Wielu klientów stwierdza po sesji, nawet jeśli wcześniej chcieli
kogoś przyprowadzić: „Jestem taki zadowolony, że byłem dzisiaj
sam. Podzielę się niektórymi informacjami, ale mojej taśmy niko-
mu nie dam do odsłuchania."

Ostatnie instrukcje dla klienta

Kiedy już zapoznam się z podstawowymi informacjami na temat klienta, jego motywacjami, które przywiodły go do mnie, a także osobami, które najbardziej na niego wpłynęły, nadchodzi właściwy moment, aby poinformować go ogólnie o sposobach dotarcia do bramy świata dusz. Najpierw wyjaśniam, że chociaż w samą hipnozę wejdzie bardzo szybko, to kluczem do sukcesu jest jej pogłębianie. Oznacza to, że przeprowadzimy trochę ćwiczeń rozgrzewających, jak oddychanie, relaksacja ciała i wizualizacje.

Temat ćwiczeń pogłębiających omówię w Części III, w rozdziale „Pogłębianie i wizualizacja", ponieważ długie wizualizacje są bardzo korzystne w dobrej terapii LBL. Jednak jeszcze przed wprowadzeniem w hipnozę wyjaśniam klientom, a szczególnie osobom u których dominuje lewa półkula, że w czasie pogłębiania nie muszą analizować tego, co się dzieje. Mam nadzieję na powstrzymanie ich naturalnej skłonności do kontrolowania i zwiększenie zdolności klientów do uwolnienia świadomości. Z każdym klientem ustalam, jakie sceny najbardziej chciałby wizualizować, aby nasza relacja oparta była na wzajemnym zaufaniu, ale również po to, aby miał wrażenie jakiejś kontroli nad tym, co się wydarzy. Jeśli przed wprowadzeniem klienta na odpowiednio głęboki poziom hipnozy nie wydarzy się nic nieprzewidzianego, łatwiej mu będzie zachować spokojny i otwarty umysł.

Choć zabiegam o spontaniczność klienta nie wyjawiając zbyt wielu szczegółów na temat procedur LBL, to jednak nie mogę dopuścić by się niepokoił z powodu niespodzianek. Dlatego wyjaśniam wcześniej, że duchowa regresja polega na przenoszeniu się w przeszłość, oraz że będziemy przeprowadzali serię ćwiczeń rozgrzewających, jakbyśmy razem przygotowywali się do biegu maratońskiego. Najpierw będziemy ćwiczyć wyobraźnię, albo twórcze śnienie, a następnie zaprowadzę go w okres dzieciństwa. Klient nie może w żadnym stopniu obawiać się przejścia w inną rzeczywistość. Kiedy jest jeszcze w stanie pełnej świadomości, chcę by wiedział, że nie zamierzam odkrywać żadnych ciężkich urazów z dzieciństwa, gdyż taką terapię najlepiej przeprowadzać długoterminowo ze specjalistą zdrowia psychicznego. By rozwiać jakiekolwiek obawy, że moglibyśmy odkryć fizyczne lub psychiczne maltretowanie z tego okresu, wyjaśniam dalej, że będziemy rozmawiać jedynie o prostych, pogodnych wspomnieniach, jak zabawki, zwierzęta domowe i fakty związane z domem. Metody, które tutaj stosuję, są opisane dalej w Części III, w rozdziale „Przesuwanie się w przeszłość".

Na zakończenie przeglądu wstępnej fazy duchowej regresji oznajmiam, że po kilku przystankach w dzieciństwie przejdziemy dalej do łona matki (Część III – „Wewnątrz łona matki"). Tłumaczę, że choć może się to wydawać wielkim skokiem, jest to jednak bardzo łatwe przejście, ponieważ będzie wtedy jakby małym dzieckiem. Wyjaśniam, że kilka minut spędzimy wewnątrz jego matki, gdzie zadam kilka prostych pytań, a następnie przeniosę go w przeszłe życie.

Pytania dotyczące pobytu w łonie matki mogą w końcu ujawnić proces łączenia się duszy z mózgiem, ale nie wyprzedzałbym tego, rozmawiając wcześniej na ten temat z klientem. Wszystkim osobom wyjaśniam, że jestem świadomy, iż nie przyszli do specjalisty od regresji w życie między wcieleniami, by przejść regresję w poprzednie życia. Powinni zrozumieć, że ten przegląd przeszłości jest konieczny, ale będzie skrócony, ponieważ naszym głównym celem jest szybkie przejście przez doświadczenie śmierci, aby naturalnie wejść do świata dusz. Kiedy już zakończymy wszystkie wstępne procedury, zamierzam wzmocnić gotowość klienta do współpracy w związku z doświadczeniami, które ma przed sobą w trakcie regresji LBL.

CZĘŚĆ III

Rozpoczęcie regresji LBL

Wprowadzenie klienta w hipnozę LBL

Praktycy hipnoterapii zapoznający się z terapią LBL mają już znaczne doświadczenie ze wstępną fazą podstawowej hipnozy. Dlatego też nie będę poświęcał wiele czasu na omówienie indukcji, a jedynie poczynię kilka spostrzeżeń związanych z duchową regresją.

Zastosowanie wolnej lub szybkiej indukcji, technik autorytarnych lub permisywnych zależy zwykle od oceny wrażliwości klienta. Szybkie indukcje są zazwyczaj skuteczne z osobami uległymi, podatnymi na sugestię, lub z klientami hiperaktywnymi, nie będącymi w stanie się zrelaksować i wymagającymi szybkiego uwolnienia, a także z osobami, które już wcześniej wiele razy wchodziły w hipnozę. Indukcja powolna i permisywna przynosi dobre rezultaty z mało elastycznymi, analitycznymi osobami, które obawiają się być pod cudzą kontrolą, albo tymi klientami, którzy dobrze reagują na delikatniejsze podejście.

Wspominam o tych ogólnych zasadach indukcji i ich zastosowaniu wobec osób poddawanych hipnozie, ponieważ pragnę polecić stosowanie powolnej i uregulowanej indukcji we wszystkich sesjach duchowej regresji. Takie podejście dobrze zespala się z przedłużonymi technikami pogłębiającymi. Chociaż wyższe stany Alfa wystarczają do regresji w poprzednie wcielenia, to do regresji w życie między wcieleniami potrzeba głębszych stanów Theta. Oczywiście, wybór tempa indukcji i pogłębiania jest osobistą decyzją terapeuty, ale moje zalecenia oparte są na fakcie, że w praktyce LBL każdy etap hipnozy powinien być starannie monitorowany.

Jest także inna przyczyna wyboru wolnego tempa. Pragnę stworzyć w moim gabinecie eteryczną scenę wzmagającą transcendentalny nastrój w świadomym umyśle mojego klienta. Takie zachęty jak obecna na krótko w tle spokojna, niebiańska muzyka, albo użycie płomienia świecy dla skupienia wzroku – pozwalają na stworzenie duchowego połączenia ze światłem i dźwiękiem. Niektórzy klienci stwierdzają po sesji, że złoty płomień w przyciemnionym pomieszczeniu był dla nich jak latarnia morska wskazująca drogę do świata dusz. Podtrzymuję tę percepcję przekazując instrukcje hipnotyczne i spiętrzając efekty progresywnych ćwiczeń relaksacyjnych. To właśnie na tym etapie klient oswaja się także z tonacją i siłą głosu terapeuty, co omówię nieco później.

Etapy hipnozy

W czasie wstępnej rozmowy przekazałem nowemu klientowi pewne informacje o stanach świadomości: Beta, Alfa, Theta i Delta. Chciałbym wzmocnić u terapeutów LBL popularne przekonanie wśród praktyków naszej profesji o tym, że w stanie Beta małe fluktuacje fal energii mózgu są ciasne i zwarte, ponieważ są tłumione przez świadomy umysł. W stanach Alfa i Theta te fale przechodzą w większe i bardziej otwarte zmiany energii. Wierzę, że te większe fale ukazują głęboko zakorzenione wspomnienia, pozbawione wpływu świadomej ingerencji. Jednocześnie te nowe informacje, wydobyte przez większe fale, integrują się ze świadomym umysłem prawdopodobnie dlatego, że część mózgu i tak pozostaje w czasie hipnozy w stanie Beta.

Pytany o bardziej wizualny opis tych obszarów przechowujących pamięć duszy, używam prostego diagramu ukazującego etapy przechodzenia przez świadomy, podświadomy i w końcu nadświadomy umysł. Wyobraźmy sobie umysł jako trzy koncentryczne okręgi zawarte jeden w drugim od największego do najmniejszego. Nie są one zupełnie odrębne od siebie, tak jak to wygląda na papierze. Postrzegam je raczej jako porowate warstwy w systemie filtrującym ludzkie myśli, lub też jak fale powstałe przy wrzuceniu kamienia do wody, które rozchodzą się od środka na zewnątrz.

Pierwsza zewnętrzna warstwa reprezentuje świadomy umysł, nasze centrum krytycznego, analitycznego, naśladującego, codziennego rozumowania. Druga, środkowa warstwa to podświadomy umysł, w którym przechowywane są wszystkie fizyczne wspomnienia, włącznie z tymi z poprzednich wcieleń. To jest także centrum emocji i wyobraźni. Wydaje się, że twórczy ludzie o większej aktywności prawej półkuli mózgu są w stanie łatwiej docierać do tego obszaru, niż osoby z dominującą lewą półkulą. Głęboko w centrum tych koncentrycznych pierścieni znajduje się nadświadomy umysł zawierający pamięć naszej boskiej duszy.

Wykorzystanie etapów hipnozy da nam możliwość wejścia, wyjścia i przechodzenia pomiędzy tymi mentalnymi poziomami, które łączą nasze różne rodzaje pamięci: świadomą, nieśmiertelną i boską. Nasz wieczny umysł duszy ewoluował ze źródła energii wyższej myśli konceptualnej, niż jesteśmy to sobie w stanie wyobrazić. Ten nadświadomy umysł objawia nasz nieśmiertelny charakter i jego długą historię. Dlatego też w stanie Theta uzyskujemy wgląd w genezę naszego istnienia, wszystkie przeszłe wcielenia, życie między wcieleniami oraz grupę osób, które teraz i w przeszłości pomagały nam w rozwoju. Jest to bardzo wyjątkowe i niesamowite doświadczenie.

Hipnoterapeuta LBL odkryje zapewne przeprowadzając starannie swoich klientów przez głębsze poziomy hipnozy, że niektórzy potrzebują mocniejszego pogłębiania na pewnych etapach niż inni. Nie można z klientem pójść za daleko albo niedostatecznie głęboko. Nie ma też żadnej jednoznacznej zasady związanej z wrażliwością klienta, a niektórzy muszą pójść znacznie głębiej niż inni, by uzyskać informacje o swoich poprzednich wcieleniach i świecie dusz. Subtelne efekty różnych etapów hipnozy są odmienne dla każdego.

Wspaniałą cechą tej dziedziny terapii jest to, że większość osób jest w stanie, przy pomocy terapeuty, odnaleźć własny poziom transu, konieczny do otwarcia dostępu do poprzednich wcieleń i pamięci o życiu między wcieleniami. Zupełnie jakby mieli wbudowany w sobie skaner głębokości transu. Każda osoba ma własny mentalny poziom dostrojenia na skali głębokości hipnozy, choć oczywiście istnieją statystyki ogólnie określające wrażliwość na hipnozę. Amerykańskie badania wykazują, że około 10–15% populacji to osoby wysoce wrażliwe, a 70–80% należy do grupy o średniej wrażliwości, natomiast od 10–15% to osoby nie reagujące na hipnozę lub minimalnie wrażliwe. Większość klientów z tej ostatniej grupy, którzy odnieśli w końcu sukces, wymaga jakiejś formy ciągłego pogłębiania transu aż do samej bramy do świata dusz.

Kiedy klient znajdzie się już w głębokiej hipnozie, na tym e powodzenie w dotarciu do duchowej pamięci nie wydaje się zale od jego wcześniejszej podatności na hipnozę, ani od tempa z jak, dociera do pewnych poziomów na różnych etapach transu. Istniej, oczywiście wskazówki, po których można skuteczniej rozpoznać nadchodzącą dobrą sesję regresji LBL. Jeśli założymy, że głębia hipnozy jest związana ze stopniem umysłowego odcięcia się od otoczenia, to osoby, które dotarły do najlepszego dla nich poziomu transu, będą bardziej zaabsorbowane swoimi wewnętrznymi wizjami. W czasie odpowiadania na pytania osiągną bardziej bezpośrednie skupienie, a właśnie takiej koncentracji potrzebujemy.

Jeśli klient dokonuje swobodnych skojarzeń, albo udziela dość ogólnikowych odpowiedzi, co oznacza zbyt wiele świadomego zaangażowania, przyczyną tego jest zwykle osiągnięty płytki poziom transu. Moi studenci w terapii LBL, którzy jeszcze przed rozpoczęciem cyklu szkoleń w zakresie duchowej regresji byli profesjonalnymi hipnoterapeutami, zadają następujące pytanie: „Jeśli w regresji w poprzednie wcielenia ponowne przeżywanie poszczególnych scen zwiększa zaangażowanie klienta, to czy tak samo jest w regresji w życie między wcieleniami?". Odpowiadam, że nie koniecznie, i wyjaśniam dlaczego. Ponowne przeżywanie przeszłego zdarzenia jest czymś dużo poważniejszym, niż zwykła obserwacja jakiejś sceny. Kiedy osoba w transie jest w pełni zaabsorbowana swoim aktywnym uczestnictwem w czynnościach poprzedniego ciała, jej wszystkie pięć zmysłów zaangażowanych jest w przywoływanie tej treści z jej pamięci.

Zauważyłem, że ponowne doświadczanie egzystencji w świecie dusz nie wymaga takiego przeżywania, aby uzyskać lepsze rezultaty, ponieważ jesteśmy wtedy w nie-fizycznym stanie duszy. Zapewne samo przebywanie w głębokim somnambulicznym stanie Theta może ułatwić ujawnienie tych informacji, jednak nie zauważyłem by umysł obserwujący, który jest jedną z oznak lżejszego stanu hipnozy, stawiał opór w czasie przyjmowaniu informacji o świecie dusz. Moim zdaniem osoby znajdujące się w stanie nadświadomości, jednocześnie mentalnie obserwują i uczestniczą. Duchowy regreser musi jednak cały czas uważnie kontrolować głębokość transu.

Pogłębianie i wizualizacja

Na rynku istnieje wiele dobrych opracowań, które (podobnie jak w przypadku indukcji) szczegółowo omawiają kwestie pogłębiania transu hipnotycznego, dlatego nie poświecę im zbyt wiele uwagi. Zagłębię się jedynie w te kwestie, które mają znaczenie w terapii LBL.

Pogłębiając stan hipnozy klienta, stosuję długą i kierowaną wizualizację, natomiast zupełnie nie wykorzystuję techniki frakcjonowania, czyli wybudzania i ponownej indukcji, ani spiętrzających się sugestii, przy których klient traci orientację, a jego zmysły są przeciążone w wyniku błędnego ukierunkowania. Zamiast technik prowadzących do konsternacji i reakcji obronnych, korzystam z ćwiczeń ideomotorycznych i pracuję z pogłębiającym się stanem relaksu.

W tej fazie sesji staram się wywołać doświadczenie OBE (wyjścia poza ciało), przygotowując klienta do tego, co może doświadczyć w stanie duchowym. Ponieważ wieczny charakter duszy zawsze pozostaje częścią jego psychiki, bez względu na głębokość hipnozy, używam słów tego typu: „Jako wieczna istota czystej i świetlnej inteligencji pozwól swojej ludzkiej świadomości dotrzeć do tego światła, które jest twoją prawdziwą tożsamością".

Ćwiczenia pogłębiające w tej fazie sesji, które obejmują długie wizualizacje pięknych gór lub plaży, zabierają około czterdziestu pięciu minut. Do zmiany kognitywnych wymiarów doświadczenia i wzmocnienia przywiązania emocjonalnego klienta pobudzam jego wyobraźnię, wprowadzając stopniowo coraz więcej szczegółów. Dążę do tego, aby w pełni zaabsorbował się uroczymi scenami, w których porusza się w kierunku obranego celu w taki sam sposób, o jaki poproszę go w późniejszej fazie jego duchowej podróży do domu. Proszę, aby frunął lub płynął nad ścieżkami, schodami, w windzie, zanurzał się w ciepłym piasku, miękkiej trawie czy basenie – co ma przygotować go do stanu duchowego. Te stopniowo budowane wizualizacje są zarówno słuchowe jak i kinestetyczne, a ich celem jest pogłębienie hipnozy i przygotowanie do dalszych doświadczeń.

Wizualizacje, przez które prowadzę klienta, mają być również symboliczne w sensie Ericksonowskim, ponieważ powinny wspomóc przejście do eterycznego obszaru świata dusz. Ukończyłem szkolenie hipnozy Ericksonowskiej i uważam, że bardziej oficjalne i autorytarne techniki hipnotyczne przynoszą lepsze efekty w pracy terapeuty LBL, co nie oznacza, że nie podchodzę do wizualizacji w sposób metaforyczny i permisywny. Dążę do zintegrowania moich historii z osobowością, zainteresowaniami, nastawieniem i poziomem emocjonalnym klienta, aby uruchomić istotny przekaz. Oczywiście, nie zawsze takie podejście jest skuteczne, ale używając bezpośrednich i pośrednich sugestii w trakcie kierowanego fantazjowania pragnę uzyskać opisy, które odpowiadają celom LBL, takim jak bezpieczeństwo, spokój i uzdrowienie. Poniżej zamieszczam dwa, skrócone przykłady:

Chciałbym, abyś ujrzał teraz, jak oddalasz się od tego pokoju, co raz wyżej i wyżej, w kierunku łańcucha gór. Jest letni dzień; przelatujesz obok miękkich i białych chmur i owiewają cię ciepłe prądy powietrza. Czujesz się niesamowicie lekki frunąc i dryfując w stronę gór, poruszając się bez najmniejszego wysiłku. Gdy pierwsze szczyty są już pod tobą, zniżasz lot i dostrzegasz przepiękną łąkę w znajdującej się poniżej dolinie. (pauza) Coraz niżej i niżej, wokół łąki dostrzegasz duże, majestatyczne drzewa, które tworzą zwarty okrąg, przez co wydaje się ona jakby schronieniem i sanktuarium. Po zejściu blisko ziemi, fruwasz dookoła na zewnątrz okręgu drzew i dostrzegasz pojedynczą ścieżkę, przez którą możesz dojść do centrum tego spokojnego i magicznego miejsca.

Następnie sugeruję klientowi, że w znalezieniu ścieżki pomaga mu ukryta moc. Wejście na łąkę reprezentuje w tym przypadku bramę do świata dusz, a inne symbole, które stopniowo wprowadzam, mają podobne odniesienie do późniejszych doświadczeń duchowych. Na przykład złote promienie słońca tworzące ochronną warstwę ciepłego światła płynącego z góry, wzmagają poczucie bezpieczeństwa, a jasne kolory, zapachy kwiatów i śpiewające ptaki wywołują zauroczenie i zachwyt.

Innym razem umieszczam klienta na nieskończenie długiej plaży wypełnionej ciepłym piaskiem (co reprezentuje niezmąconą ciszę i spokój), u góry krążą mewy (wolność), a do brzegu dobija biała piana (czystość) toczących się fal oceanu (uspokajające dźwięki). Jeżeli klient czuje się komfortowo w wodzie, mogę wprowadzić również zbiornik ze świeżą wodą (oczyszczanie), natomiast czas w tych fantazjach reprezentuje nieskończoność. Oto kolejny fragment tego rodzaju wizualizacji:

Gdy płyniesz w dół, poczuj się coraz bardziej wolny i wolny od przywiązania, oddychasz łatwo i spokojnie, ponieważ płyniesz przez czas i przestrzeń bez najmniejszego wysiłku. Czujesz miłe i ciepłe prądy, delikatnie głaszczące twoje ciało, a gdy dryfujesz dalej w dół, dostrzegasz przezroczyste, białe, okrągłe bańki przepływające obok ciebie do góry. Poruszasz się coraz niżej i niżej. Szybko jesteś w pełni pochłonięty własną, wewnętrzną iluminacją i poprzez wodę wpływasz do pustej czasoprzestrzeni. Wraz z przepływającą rzeką przepływa czas, a my poruszamy się czasami z biegiem nurtu, nie opierając mu się, dryfujemy bez celu, bez trosk, bez niepokoju, i udajemy się do szczególnego miejsca, które przypomina marzenia senne.

Techniki pogłębiające są oczywiście ważnym czynnikiem w terapii LBL, jednak chciałbym podkreślić, iż trzy- czterogodzinna sesja jest wystarczająco długa, aby oderwanie się od zewnętrznej rzeczywistości nastąpiło w dużym stopniu. Umysł klienta oddziela się od ciała tym lepiej, im bardziej zniekształca się czas linearny. Jeżeli przed wykonaniem regresji duchowej terapeuta prowadził już z klientem krótsze sesje hipnotyczne, to bardzo dobrze, ale nie powinien w trakcie długiej sesji LBL skracać sekwencji wizualizacji, dla tak zwanego zaoszczędzenia czasu.

Przed osiągnięciem wizualizacji poprzedniego wcielenia, terapeuta powinien bardzo powoli przechodzić przez kolejne sceny. W każdej chwili może pojawić się potrzeba pogłębienia, a dobre efekty przynosi połączenie odliczania z oddychaniem. Oto przykładowe przygotowanie do przejścia do poprzedniego życia:

> *Poczuj coraz bardziej swój oddech, który za każdym razem zabiera cię coraz głębiej. Gdy będę odliczał od dziesięciu, nabieraj powietrze przy każdej liczbie i poczuj, jak za każdym razem oddalasz się w kierunku tunelu czasu, który na ciebie czeka.*

Wspomniałem już wcześniej, ze własny, mentalny kompas klienta, który kieruje nim w wyższej duchowej jaźni, pomaga w osiągnięciu odpowiedniej głębi, koniecznej do uzyskania wspomnień duszy. Należy również zawsze mieć na względzie dwa różne od siebie pola energii magnetycznej, które uaktywniają się pomiędzy umysłami pracujących ze sobą klienta i terapeuty. Przypominam o tym, aby uświadomić terapeutom LBL, że ton i barwa głosu w znacznym stopniu pomaga w przedostaniu się przez pole energii klienta, w usuwaniu blokad emocjonalnych oraz w pogłębianiu transu.

56

Tempo sesji i modulacja głosu

Zawsze próbuję dopasować rezonans mojego głosu do tonu głosu klienta, aby oddać jego nastrój, połączyć się z nim i towarzyszyć mu w zagłębieniu się w odpowiednim transie. Ton i intonacja głosu terapeuty jest potężnym narzędziem w całej sesji LBL, gdyż nadaje określony rytm i pęd sesji. Takie czynniki jak: uważna modulacja głosu, zastosowanie ostrego, miękkiego, zachęcającego czy uspokajającego tembru, są niezmiernie ważne w długiej, mentalnej podróży klienta.

Nawet jeśli terapeuta nie zdaje sobie sprawy z tego, co w danej chwili przeżywa klient, powinien zawsze głosem wyrażać swoje zaangażowanie i zainteresowanie. W mojej praktyce staram się dopasować tembr mojego głosu do brzmienia i typów odpowiedzi, które udziela klient. Zaczynam już od pierwszej instrukcji, a w miarę pogłębiania się stanu hipnozy uważnie to kontroluję, gdyż w późniejszej fazie, gdy klient zmieni sposób udzielania odpowiedzi, pojawia się konieczność odpowiedniego dopasowania głosu terapeuty. Jeszcze zanim klient pojawia się w moim gabinecie, przez kilka minut ćwiczę zakres mojego głosu i robię notatki, szczególnie dotyczące dolnego rejestru. Regularna kalibracja głosu terapeuty z głosem klienta wspomaga zjednoczenie się wibracji energetycznych.

Manipulacja dźwiękiem jest szczególnie przydatna przy synchronizacji idei przekazywanych podczas wstępnych, długich wizualizacji. Uważam, że dzięki niej wyobrażane obrazy są łatwiejsze w identyfikacji i mają zamierzone znaczenie. Gdy w umyśle klienta tworzą się sceny, terapeuta powinien nadążać za nimi i za zmianami emocjonalnymi. Gdy klient integruje się z duchowymi scenami, może poruszać się wolno, szybko lub w umiarko-wanym tempie, do którego terapeuta powinien się dostosować, a przed zadaniem kolejnego pytania, należy cierpliwie poczekać, aż klient w pełni odpowie na poprzednie.

Ostatnie polecenia hipnotyczne przed regresją

Po zakończeniu wstępnych, długich wizualizacji i odpowiednim pogłębieniu stanu hipnozy, przekazuję klientowi następujące instrukcje:

Chciałbym, abyś zaufał swojej zdolności do spoglądania na obrazy, na których występujesz w różnych okresach czasu i w różnych miejscach, odczuwał emocje związane z tymi scenami i odpowiadał na moje pytania bez cenzurowania przekazu. W trakcie naszej wspólnej podróży będę twoim przewodnikiem, a po drodze przyłączą się do nas osoby, które znałeś i kochałeś, włącznie z twoim osobistym przewodnikiem duchowym, który przybędzie, aby pomóc mi pomagać tobie, a także będzie dla ciebie źródłem spokoju i odwagi.

Na początku przyglądaj się po prostu scenom, które odsłaniają się przed twoimi oczami, i z pełnym przekonaniem powiedz mi wszystko, co możesz. W miarę postępu sesji twoja pamięć będzie coraz lepsza, będziesz widział coraz więcej, przyjmował coraz więcej, a twoje zrozumienie wizualizacji będzie na tyle dobre, że pomożesz mi w ocenie tego, co widzisz i czujesz.

Gdy będziesz ponownie doświadczał uczuć i emocji związanych z twoimi przeżyciami w innych ciałach, poczujesz ulgę od mentalnych obciążeń z przeszłości. Zobaczysz rzeczy w nowej, właściwej perspektywie i pojmiesz, jaki mają one wpływ na twoje obecne życie, abyś dzięki temu mógł żyć w harmonii z samym sobą.

Zanim udamy się w podróż, chciałbym, abyś wyobra-
ził sobie, że umieszczam wokół ciebie potężną, przej-
rzystą, złotą osłonę ze światła, która będzie cię chronić
od wszelkich zewnętrznych sił i obdarzy cię ciepłem,
światłem i mocą. Gdyby pojawiły się jakieś negatywne
wspomnienia, odbiją się od tej osłony i nie wyrządzą ci
żadnej krzywdy.

Oczywiście powyższy tekst może ulegać indywidualnym modyfikacjom, w zależności od potrzeb terapeuty, który może przygotować własny zestaw mechanizmów chroniących klienta w terapii LBL. Można na przykład rozważyć jeszcze inną komendę,
gdyż kilkugodzinna sesja LBL obejmie nieuchronnie długie mi-
nuty konwersacji z klientem, a w głębokim transie zdarzają się
problemy z prowadzeniem rozmowy. Niektórym trudno utrzymać głęboki stan hipnozy, gdy muszą dużo opowiadać. Sugeruję
więc, aby przekazać klientowi następującą uwagę:

Będziesz w stanie rozmawiać ze mną o wszystkim, bez
potrzeby budzenia się. W rzeczywistości, nasze długie
rozmowy jedynie utrzymają i wzmocnią głębokość two-
jego transu. W trakcie sesji będziesz słyszał mój głos wy-
raźnie i będziesz w stanie rozmawiać ze mną bez oporów.
Nasza prywatna dyskusja przyniesie ci ulgę i pomoże od-
sunąć się od świata zewnętrznego.

Przesuwanie się w przeszłość

Rozpoczęcie procesu przypominania od cofnięcia się wpierw do dzieciństwa umożliwi szybszą rozgrzewkę pamięci klienta, co przygotuje go do trudniejszych, późniejszych wspomnień. Każdy terapeuta stosuje swoją własną technikę cofania w czasie. W moim przypadku proszę klienta o wizualizację długich, krętych, złotych schodów na niebie, których każdy stopień reprezentuje jeden rok jego życia. Oczywiście wcześniej należy sprawdzić, ile klient ma lat. Stosuję następujące instrukcje:

Cofniemy się teraz w czasie, rok po roku, do twojego dzieciństwa, aby obejrzeć twoje szczęśliwe wspomnienia. Twój umysł przechowuje wspomnienia o wszystkim, czego doświadczyłeś w momencie zapamiętania. W swoim dorosłym, posiadającym obszerną wiedzę umyśle zanotowane są wszystkie twoje wspomnienia.

Kiedy będziemy schodzić z tych schodów, cofając się w czasie do twojego dzieciństwa, zobaczysz, jak z każdym schodem udajesz się coraz głębiej i dalej. Będzie to tak, jakbym obracał w tył poszczególne kartki z albumu ze zdjęciami, na których zobaczysz siebie coraz młodszego i mniejszego. Kiedy zatrzymamy się na którymś ze stopni, będziesz w odpowiednim do niego wieku.

Jeśli wyczuję, że klient nie jest wystarczająco głęboko w transie, jak powinien w tym momencie, mogę dać mu dodatkowe ćwiczenie związane z liczeniem.

Kiedy będę odliczał od pięciu, pojawimy się na górnym stopniu tych długich schodów, a ty będziesz coraz

mniej odczuwał swoje ciało. **Pięć**... *teraz spokojnie i bezpiecznie odrywasz się od swojego fizycznego ciała. Coraz
głębiej i głębiej.* **Cztery**... *przechodzisz do głębokiego obszaru mentalnego w swoim umyśle*... **trzy**... *puszczasz*...
płyniesz... *płyniesz*... *w stronę górnego schodu*... **dwa**...
czujesz lekkość... *gdy dryfujesz i fruniesz*... *fruniesz wolno*... *jesteś już bardzo blisko górnego schodu*... **jeden.**

Przed odliczaniem wieku klienta w dół schodów jego życia,
proszę zwykle o sygnał ideomotoryczny:

> *Kiedy będziesz gotowy do zejścia z górnego stopnia
> w bezpieczny sposób, podnieś palce swojej prawej dłoni.
> Razem będziemy schodzić w dół i w tył czasu.*

Jeśli klient nawet w małym stopniu waha się, zamieniam
schody w szybko poruszającą się windę, w której zobaczy siebie
poruszającego się w dół bez wysiłku związanego z pokonywa-
niem schodów.

Odliczając schody, często pomijam kilka z nich i przechodzę
do wieku dwudziestu lat i wtedy zwalniam. W wieku dwunastu
lat mogę się zatrzymać i zasugerować, aby klient sfrunął ze schodów na podwórko swojego domu lub mieszkania, w którym wtedy mieszkał. Proszę o opisanie wymiarów i koloru domu i pytam,
czy widzi jakieś wysokie drzewa na prawo, na lewo, może z tyłu
miejsca, gdzie stoi. Prowadząc go do domu wybieram najpierw
znany mu pokój, przeważnie jego własny, i pytam o rozmieszcze-
nie mebli, łóżka, szafy w stosunku do drzwi. Zaglądamy do szafy
i pytam o jego ulubione ubrania, które nosił do szkoły i do zabawy. Po powrocie na schody i osiągnięciu wieku siedmiu lat ponownie wracamy do domu (często jest to już inny dom), gdzie
pytam jedynie o ulubione zwierzęta i zabawki.

Te pierwsze ćwiczenia z przypominaniem pomagają klientowi nauczyć się identyfikować obiekty i swoje fizyczne położenie
w odniesieniu do nich, a także postrzegać zmianę swojego ciała
wraz z wiekiem. W trakcie przygotowań do wizualizacji prze-
strzennych z poprzedniego życia i świata dusz, sprawdzam regularnie głębokość transu. Na przykład, gdy poproszę klientkę,
mającą w danym momencie dwanaście lat, o rozpoznanie swo-

ich ulubionych ozdób, a kobieta odpowiada: „Niech pomyślę, nie pamiętam czy lubiłam cokolwiek wtedy nosić", wtedy wiem, że próbuje sobie przypomnieć to, wykorzystując świadome wspomnienia. Oznacza to, że w rzeczywistości nie przedstawia tego, co widzi w danej scenie.

W dalszej części książki omówię zakłócenia płynące ze świadomego umysłu i opór, który klient przejawia w trakcie sesji. Chciałbym teraz podkreślić jedynie, że niezdolność do odpowiedzi na pytania o sprawy wieku dziecięcego mogą świadczyć o płytkim transie, nawet jeżeli wcześniej terapeuta wykonał pozytywne testy głębokości hipnozy.

Jeżeli wszystko przebiega bez zakłóceń, cofam klienta do najdalszych wspomnień z okresu dziecięcego, aż trafiamy do łona jego matki w momencie tuż przed urodzeniem. Ponieważ klient tuż przed wejściem do łona ma jakieś dwa lub trzy lata, zapewniam go, że mentalne przejście do tego stanu jest dość łatwe.

Wewnątrz łona matki

U niektórych klientów wspomnienia z pobytu w łonie matki są bardzo niewyraźne i nie zależy to od głębokości transu. W takim przypadku pytam jedynie, czy ich ręce, nogi i głowa są ułożone w miarę komfortowo; czy coś czują lub słyszą – na przykład: „Czy słyszysz bicie serca swojej matki?". Jeżeli klient nie odpowiada zbyt szczegółowo na pytania dotyczące stanu prenatalnego, nie naciskam, gdyż może to być bardzo młoda dusza.

Moje pierwsze informacje pozyskane od duszy i pierwsze podejrzenia co do jej poziomu zaawansowania pojawiają się właśnie w tej fazie sesji. Widzę ogromną przepaść pomiędzy jedną duszą, która opowiada, jak próbuje pocieszyć swoją zaniepokojoną matkę i co myśli o swoim nowym życiu, a inną, która stwierdza jedynie, iż znajduje się w ciemnej pułapce, nic nie robi i o niczym nie myśli.

Gdy mam do czynienia z doświadczoną duszą, zadaję jej serię szczegółowych pytań związanych z jej integracją z mózgiem. Notatki, które w tym momencie robię, będą naprawdę przydatne w bardziej terapeutycznych częściach sesji. Poniższe pytania, które opracowywałem w ciągu wielu lat praktyki, zadaję duchowemu umysłowi klienta:

1. W którym miesiącu pierwszy raz połączyłeś się z płodem?

2. Jakie było twoje pierwsze wrażenie dotyczące mózgu, który obecnie posiadasz?

3. Czy wyśledzenie obwodów elektrycznych tego mózgu było dla ciebie łatwe czy trudne?

4. Czym wyróżnia się ten mózg?

5. Co dowiedziałeś się o wpływie systemu emocjonalnego tego ciała na mózg?

6. Ogólnie rzecz ujmując, jak ciało zaakceptowało integrację z twoją duszą? Było to trudne czy łatwe?

7. Czy możesz porównać to ciało z innymi, które wcześniej zajmowałeś?

8. Czy w swoim umyśle duchowym czujesz, że to ciało to dobry wybór i dlaczego?

9. Dlaczego wybrałeś właśnie to ciało?

Ostatnie pytanie zadaję tylko w przypadku, gdy na poprzednie dostanę szczegółowe odpowiedzi, a w innym wypadku kwestię wyboru ciała omawiam później. Pod koniec sesji LBL, gdy klient spogląda na swoje obecne, dorosłe ciało po raz pierwszy w przestrzeni doboru życia, można odwołać się do jego odpowiedzi z okresu prenatalnego, aby zdobyć jeszcze głębszy wgląd.

Istnieje często kilka czynników powstrzymujących duszę przed pełną integracją w łonie matki. Oprócz oporu samego mózgu fizycznego lub – jak mówią klienci – ciężkiego i gęstego umysłu, pojawia się jeszcze inna przyczyna, a mianowicie umysł matki, który zamyka się przed dzieckiem ze względu na emocjonalne lub fizyczne doświadczenia traumatyczne, związane z niepokojem, strachem, depresją, złością, lub po prostu brakiem akceptacji ciąży. Te negatywne czynniki ujawniają się głównie w przypadku pierwszego dziecka młodej matki, a szczególnie gdy jest jeszcze panną. W późniejszym okresie życia mogą pojawić się nieprzyjemne odczucia związane z niechcianym dzieckiem, a umysł matki może również zamknąć się mentalnie w przypadku, gdy w jej małżeństwie nie ma miłości.

Bardziej zaawansowane dusze mogą oczywiście poradzić sobie nawet z dużą dawką negatywnych emocji ze strony matki (a później na przykład ze strony świata) korzystając z pola wysublimowanej energii. Terapeuta LBL powinien jeszcze przed sesją dowiedzieć się o dynamikę wczesnego życia klienta, co pomoże mu w poszukiwaniu pozytywnych i negatywnych aspektów integracji energetycznej pomiędzy duszą i mózgiem, która rozpoczęła się już w łonie.

W książce „Przeznaczenie dusz" zamieściłem przykładowe relacje klientów z pobytu w łonie matki. Tutaj przedstawię jeszcze inny przypadek, aby pokazać jak wartościowe informacje można uzyskać od pewnych klientów. Jest to fragment sesji Nancy, którą uważam za artystkę na polu integracji duszy z mózgiem:

> *Przed wejściem do płodu obserwuję zwykle ciało matki pomiędzy trzecim i szóstym miesiącem ciąży. Stopniowo umieszczam w nim swoją energię, dotykając najpierw umysłu matki, a następnie umysłu dziecka, co ma na celu zharmonizowanie ich obu. W ten sposób przygotowuję się do płynnej integracji. Moja obecna matka bardzo obawiała się o mnie w czasie ciąży, ponieważ jestem jej pierwszym dzieckiem, wysyłałam więc swoją energię do jej żołądka i klatki piersiowej, aby poluzować nieco twarde wzorce energii, którą wyczuwałam w tych obszarach. Wydawało się, że to pomogło. W trakcie łączenia się z dzieckiem, koncentruję się głównie na chemii i impulsach elektrycznych płynących z mózgu.*

Dowiedziałem się od Nancy, że jej obecne ciało jest całkiem dobre, a umysł wystarczająco szybki, więc pytam ją, czy kiedykolwiek musiała połączyć się z ociężałym umysłem w swoich poprzednich wcieleniach i co sądziła o tamtych ciałach. Poniżej zamieszczam jej odpowiedź na to pytanie:

> *Oczywiście, że miałam do czynienia z ciężkimi przypadkami. Moja dusza musiała być w tamtych wcieleniach bardziej dominująca, abym mogła łatwiej wpłynąć na tego rodzaju umysł. Należy wtedy nabrać siły i odwagi, i wpłynąć stanowczo na takie ociężałe dziecko. Z drugiej strony, gdy dusza ma do czynienia z szybkim umysłem dziecka, wyzwanie, które przed nią stoi, polega na opanowaniu wszystkich impulsów i myśli tego dziecka z jednoczesnym zachowaniem elastyczności.*

Przejście w poprzednie wcielenie

Przed podejściem do bramy świata dusz warto wcześniej poprowadzić klienta ze stanu prenatalnego do poprzedniego życia.
Aby osoba w hipnozie mogła w naturalny sposób przejść do świata duchowego, powinna najpierw doświadczyć sceny śmierci.
Moi studenci pytają mnie czasami: „Czy trzeba prowadzić klienta
do wcielenia bezpośrednio poprzedzającego obecne życie?". Odpowiadam, że nie jest to konieczne, ale stanowi pewne ułatwienie,
ponieważ to właśnie po nim klient pojawił się ostatni raz w świecie dusz przed obecnym życiem, co oznacza, że jego wspomnienia
są w miarę świeże.

Kolejnym powodem przejścia do ostatniego życia jest fakt,
że tamte wydarzenia mają często wpływ na obecne życie klienta. Może to oznaczać na przykład negatywne znamiona cielesne,
które ujawniają się w jego dzisiejszym ciele, a dotarcie do źródła
ich powstania, umożliwi znieczulenie ich zarówno fizycznie jak
i emocjonalnie, co stanowi oczywistą ulgę dla klienta. To prawda,
że można uczynić to również w trakcie pobytu w świecie dusz,
jednak bezpośrednia interwencja podczas rzeczywistego przeżywania ostatniego wcielenia będzie bardziej efektywna.

Pomimo sugestii by udał się do ostatniego życia, klient może
nie zgodzić się z terapeutą i podążyć do któregoś z wcześniejszych, ale ważniejszych wcieleń, choć nie jest to częstym zja-
wiskiem. Jeszcze przed rozpoczęciem hipnozy mówię klientowi,
że jedną z części mojej duchowej regresji jest zabranie go do poprzedniego wcielenia. Jeżeli nie sprzeciwi się temu, nie wyjaśniam mu powodów mojego planu. Raz na jakiś czas terapeuta
może usłyszeć: „Słuchaj, regresję w poprzednie wcielenia to so-

bie mogę zrobić w domu" lub „Już miałem regresję w poprzednie wcielenia". I dalej: „Przyszedłem do ciebie, ponieważ jesteś specjalistą LBL, więc dlaczego nie zabierzesz mnie prosto ze stanu prenatalnego do świata dusz?"

Wiem, że niektórzy hipnoterapeuci mogą pokusić się o opuszczenie wizualizacji poprzedniego wcielenia i zabranie klienta bezpośrednio do świata duchowego, szczególnie gdy klient o to poprosił. Jednak chciałbym was ostrzec przed tą pokusą, gdyż sam eksperymentowałem w tej kwestii i odkryłem następujące negatywne aspekty:

A. Przejście z obecnego życia bezpośrednio do świata dusz może wywołać zakłopotanie i utratę orientacji w umyśle przeciętnego klienta, ponieważ wejście do tego świata odbywa się jakby „tylnymi drzwiami", zamiast normalnie przez bramę. Dusza udaje się do świata duchowego po śmierci i opuszczeniu ciała fizycznego, i każdy inny sposób nie jest naturalny. Oczywiście, można poprowadzić klienta po stanie prenatalnym do bramy, ale zabiera to dużo czasu i jest dość trudne, natomiast wizualizacja poprzedniego życia i śmierci jest w przypadku terapii LBL dużo krótsza niż w normalnej regresji w poprzednie wcielenia.

B. Poganiając klienta bezpośrednio do świata dusz pozbawia się go możliwości doświadczenia całego piękna momentu odchodzenia z ciała i naturalnego przechodzenia do obszarów niebiańskich. Klient może poczuć się zagubiony, gdyż nikt na niego nie będzie czekał, nie pozna naturalnych etapów aklimatyzacji i przywitania ze swoją grupą. Przy scenie ostatniej śmierci dowiadujemy się, jak dusza wkracza zwykle do świata duchowego, czy jest to szybki czy wolny proces, czy przebywa ona jakiś czas nad ciałem i pragnie skontaktować się z ukochanymi, czy też od razu pędzi do domu, czy naprzeciw wychodzi jej przewodnik czy bratnia dusza?

C. Wizualizacja poprzedniego życia pozwala klientowi „rozgrzać" swoją pamięć, zanim w pełni zanurkuje w stan nadświadomości. Klient, który nigdy nie przechodził regresji w poprzednie wcielenia, może mieć problemy z odpowiedzią na pytania o to, co czuje lub widzi. Wplecenie krótkiej regresji w poprzednie wcielenia w terapię LBL pozwala mu zapoznać się z całym procesem wizualizacji, a dzięki temu będzie chętniej odpowiadał na pytania po wejściu do świata dusz.

Pojawia się również wątpliwość, czy dla klienta przejście ze stanu prenatalnego do poprzedniego życia nie jest równie trudne i gwałtowne co bezpośrednio do świata dusz. Uważam, że mimo pozornego podobieństwa, istnieje tu duża różnica, gdyż zabierając klienta do poprzedniego życia, terapeuta umożliwia mu połączenie się mentalne również z ciałem fizycznym, natomiast stan duchowy doświadczany w nadświadomości jest czymś zupełnie innym. Przeżycie sceny fizycznej śmierci daje klientowi więcej czasu na przyzwyczajenie się do stanu „bezcielesnego", gdy jego dusza opuszcza ciało, a następnie nad nim fruwa. Z drugiej strony przejście od razu z łona do świata dusz jest bardzo gwałtowną zmianą dla osoby w transie hipnotycznym. Podsumowując – wybór procesu pomiędzy włączeniem lub wyłączeniem wizualizacji poprzedniego życia z terapii LBL może nie mieć istotnego znaczenia w przypadku duszy zaawansowanej, ale należy wziąć pod uwagę, że takie osoby stanowią mniejszość wśród klientów hipnoterapeuty.

W chwili zabierania klienta do poprzedniego życia, proszę go o wizualizację długiego tunelu, którym przejdzie do swojego ostatniego wcielenia, lub do innego życia, które sam wybrał. Trzeba pamiętać, że z ciemności łona klient przechodzi do ciemnego tunelu czasu, stąd powinien dostać odpowiednie instrukcje, jak na przykład:

Chciałbym, abyś wyobraził sobie teraz, że przechodzimy do długiego tunelu czasu, którym przejdziesz do twojego ostatniego wcielenia. Jest on dość podobny do tunelu kolejowego, ale jednocześnie o wiele gładszy i czyściejszy. Wyobraź sobie doskonale okrągły cylinder z wejściem i wyjściem, a wchodząc w okrągłe wejście zauważysz, że wszystko wokół nas jest czarne. Gdy będę szybko odliczał od dziesięciu, zobaczysz jak zakrzywione ściany szarzeją, a przy pięciu stają się bardzo białe.

W tym momencie ujrzysz ogromny, jasny, okrągły otwór,
a w chwili gdy wypowiem jeden, przejdziesz przez niego
do ważnej sceny w poprzednim życiu. Teraz jeszcze nie
wiesz, co to za scena, ale gdy wypowiem jeden, znajdziesz
się w innym wymiarze czasu, w innym ciele i miejscu, ale
cały czas będziesz pamiętał, że jesteś sobą.

Gdy mam do czynienia z wrażliwą zmysłowo osobą, która ma
ograniczoną wyobraźnię, to w trakcie przebywania w tunelu kon-
centruję się na dotyku, odczuwaniu lub emocjach. W przypadku dużego oporu ze strony klienta, ponownie (jak w przypadku
schodów, dzieciństwa i stanu prenatalnego) proszę go o ideomotoryczny sygnał palcami:

Gdy będziesz gotowy do wyruszenia ze mną przez tu-
nel czasu, podnieś palce prawej dłoni. Jeśli zechcesz po-
czekać z tym fascynującym doświadczeniem, aż zacznę
odliczać, podnieś palce lewej dłoni.

Ponieważ prawie natychmiast zaczynam odliczanie, wybór
ten pozostawia klientowi zbyt mało czasu na pojawienie się
oporu. Instrukcje związane z przejściem przez tunel kończę na-
stępująco:

Dziesięć*... z łona do ciemnego tunelu... a teraz przy-*
śpieszamy... **dziewięć***... coraz szybciej...* **osiem***... ściany*
z czarnego przechodzą w kolor szary... **siedem***...* **sześć***...*
pięć*... ściany stały się białe... i widzisz przed sobą biały,*
okrągły, ogromny otwór, którym przejdziemy do ważnej
sceny w twoim poprzednim wcieleniu... **cztery***...* **trzy***...*
dwa*...* **jeden!** *Jesteśmy poza tunelem!*

W niniejszej publikacji wolę skoncentrować się na metodologii życia pomiędzy wcieleniami, niż regresji w poprzednie wcielenia, dlatego podam jedynie serię pytań, które zadaję klientowi,
gdy znajdzie się w poprzednim życiu.

1. Powiedz mi najpierw, czy to dzień czy noc?

2. Czy jest ciepło czy zimno?

3. Czy jesteś na zewnątrz czy wewnątrz?

4. Czy jesteś w dużym mieście, miasteczku czy na wsi?
5. Czy jesteś sam czy z kimś?
6. Jak jesteś ubrany?
7. Czy jesteś mężczyzną czy kobietą?
8. Czy jesteś osobą o dużej, średniej czy małej posturze?
9. Co w tej chwili robisz?

Klient, na bazie sugestii terapeuty, pojawił się więc w istotnej scenie w wybranym przez siebie lub terapeutę wcieleniu, choć najczęściej jest to jego ostatnie życie. Należy przygotować się na wiele emocji związanych z tym wydarzeniem, które często jest momentem śmierci. Można zapytać również o imię, wiek, rodzinę, dzień i położenie geograficzne (o ile to możliwe), a także o zdarzenia prowadzące do tej sceny.

Następnie pytam o inne osoby, które miały ważny wkład w tamto życie klienta, a jeśli jego odpowiedzi są zadowalające, wizualizuje poprawnie i jest mocno zaangażowany w to, czego doświadcza, próbuję dowiedzieć się, które z tych osób są obecne w jego teraźniejszym życiu. W przypadku regresji w poprzednie wcielenia satysfakcjonujące odpowiedzi nie zależą od poziomu zaawansowania duszy klienta, a raczej od stopnia zaangażowania hipnotycznego, co oznacza, że to ostatnie pytanie trzeba czasami zadać dopiero podczas eksploracji świata dusz. Na tę fazę sesji poświęcam od piętnastu do trzydziestu minut, gdyż chcę jak najszybciej zabrać klienta do sceny śmierci w tym wcieleniu.

Jeżeli początkowa scena nie była chwilą opuszczania ciała, stopniowo przesuwam klienta co pięć lub dziesięć lat w kierunku końca tamtego życia, a w odpowiednim momencie mówię:

*A teraz chciałbym, abyśmy przenieśli się do ostatnie-go dnia twojego życia, gdy policzę do trzech – **raz, dwa, trzy!** Opisz mi, co się teraz dzieje?*

W przypadku gdy klient umiera w zaawansowanym wieku, pytam o otoczenie w jakim się znajduje, czy ktoś przy nim jest i jak się czuje. Przy traumatycznej scenie śmierci staram się przejść przez nią jak najszybciej.

Kontrolowanie świadomej interferencji

Omawiając wcześniej wizualizację dzieciństwa, podkreśliłem, że terapeuta powinien upewnić się, czy klient naprawdę odczuwa i myśli jak młoda osoba, którą kiedyś był, a nie jedynie stara się przypomnieć sobie te dawne czasy. Na tamtym etapie zależy to od głębokości hipnozy, natomiast będąc już w poprzednim wcieleniu, pojawia się inny problem z procesem przypominania, który występuje w przypadku klientów tworzących fałszywe wspomnienia z powodu bezpośrednich zakłóceń ze świadomego umysłu. Przed udaniem się do świata dusz należy dokładnie sprawdzić, czy taka sytuacja nie ma przypadkiem miejsca podczas odbywającego się właśnie seansu.

Po wprowadzeniu klienta w poprzednie wcielenie należy uważnie sprawdzić, czy jego wspomnienia nie wynikają w całości z wiedzy historycznej zgromadzonej w obecnym życiu. Jeśli klient ma skłonność do któregoś z dobrze poznanych zdarzeń lub popularnych mitów, może uruchomić swoją świadomą wyobraźnię – w tym momencie stronniczość wkracza na scenę. Fenomen ten nazywam Syndromem Atlantydzkim, ponieważ bardzo dużo osób czuje przyciąganie do tej właśnie legendy. Jeżeli jeszcze przed sesją klient oświadczył: „Wiem, że jedno z moich poprzednich wcieleń z pewnością było na Atlantydzie", terapeuta powinien być tym bardziej wyczulony na jego pragnienie by stać się częścią tej legendarnej cywilizacji na Ziemi.

Oczywiście wiedza historyczna klienta zupełnie nie przeszkadza w prowadzeniu hipnozy, a może pomóc w identyfikacji pewnych scen z przeszłości. Terapeuta powinien jednakże wiedzieć, że klient może być mocno przyciągany do pewnych aspektów przeszłości, włącznie z mitami, co w efekcie może wpłynąć na jego wspomnienia. Wykorzystanie sygnałów ideomotorycznych do zakłócenia komunikacji werbalnej jest bardzo skutecznym środkiem do usunięcia interferencji świadomych myśli w procesie wizualizacji. Poniżej przedstawiam fragment sesji, który zilustruje powyższe uwagi:

Terapeuta: – Gdzie teraz jesteś?

Klient: – Na Atlantydzie.

Terapeuta: – Dobrze, chciałbym, abyś pomyślał o tym, co właśnie mi powiedziałeś. Wrócimy do naszej rozmowy po tym, jak dokładnie zweryfikujesz swoje wspomnienia i potwierdzisz ponownie, że jesteś na Atlantydzie. Kiedy będziesz gotowy, podnieś palce prawej ręki. Powstrzymam się od dalszych pytań, dopóki nie zobaczę, jak je podnosisz.

Klient: (po dłuższej przerwie i podniesieniu palców) – Och, wydaje się, że pomyliłem się co do Atlantydy. Raczej zamieszkuję piękną wyspę pośrodku oceanu.

Wrócę ponownie do Syndromu Atlantydzkiego w rozdziale „Przeglądanie poprzednich wcieleń", omawiając kwestię dusz hybrydycznych.

Inny rodzaj zakłócenia wspomnień z poprzedniego życia płynie z – jak to nazwałem – „Syndromu sławnej osoby". Klienci będący pod jego wpływem chcą być wielkimi osobistościami, a większość hipnoterapeutów regresji w poprzednie wcielenia ma pewien odsetek klientów, którzy są przekonani, że byli sławnymi osobami. Dopiero wnikliwa analiza ukazuje fałszywość takich wizualizacji. W swojej praktyce miałem trzy przypadki „Marilyn Monroe", a jedna osoba po dokładnym zbadaniu wizualizacji okazała się być sprzątaczką w domu tej aktorki. Poprosiłem tę kobietę, aby przeszła do sceny, gdy wokół Marilyn Monroe było wiele osób, i zidentyfikowała każdą z nich, w tym siebie. Wtedy okazało się, że wcześniejsze założenia co do „sławnej" tożsamości okazały się nieprawdziwe.

Na szczęście w terapii LBL, po wejściu do świata dusz, świadomy umysł wprowadza bardzo niewiele zakłóceń, które jeżeli

już tam występują, to tylko w trakcie przeglądu poprzednich inkarnacji. Jeden z najważniejszych problemów świadomej ingerencji w nadświadome wspomnienia pojawił się wraz z klientami, którzy przy pierwszym etapie podróży przez świat duchowy
spontanicznie twierdzili, iż są niebieskimi światłami, czyli na wysokim poziomie zaawansowania. Co ciekawe, problem ten wy-
stąpił dopiero po opublikowaniu moich książek.

Terapeuta LBL powinien zdawać sobie sprawę, że prawda
często przykryta jest pragnieniami lub fantazjami, silnymi przekonaniami lub wiarą, wypartymi obawami, czy po prostu nieza-
dowoleniem z obecnego życia, które w opinii klienta jest nudne.
Jeżeli tylko pojawia się cień podejrzenia, że wspomnienia osoby
hipnotyzowanej mogą być w jakikolwiek sposób „zanieczysz-
czone", można łagodnie je zakwestionować lub zadać krytyczne
pytania. Zarówno w terapii LBL jak i w regresji w poprzednie
wcielenia należy unikać długich i kompleksowych pytań skiero-
wanych do klienta. Pytania hipnoterapeuty powinny być zawsze
krótkie, proste i bezpośrednie, nawet jeżeli chce, aby klient zagłę-
bił się w szczegóły swoich wizualizacji.

Pozyskanie dokładnych i poprawnych informacji w dużej mierze zależy od uporu terapeuty i wielokrotnej weryfikacji uzyskanych danych. Dobre efekty przynosi poruszanie się tam i z powrotem po różnych ramach czasowych w trakcie badania tej samej
sprawy. Sprawdzanie spójności przekazu klienta w trakcie wizualizacji poprzedniego życia i dzieciństwa zaowocuje w dalszych
fazach sesji, gdyż po dotarciu do bramy świata dusz będzie on
o wiele lepiej przygotowany do precyzyjnego przekazu informacji. Należy jednak pamiętać, iż osoby w transie hipnotycznym nie
posuwają się do umyślnego kłamstwa. Niektórzy mogą po prostu
błędnie odczytać to, co uznają za prawdziwe.

W wielu przypadkach świadome myśli wpływają korzystnie,
na przykład w odniesieniu do dat i położenia geograficznego.
Krytycy regresji w poprzednie wcielenia kwestionują, jak osoba w hipnozie wizualizująca życie w czasach starożytnych może
podać tak dokładne dane co do miejsca przebywania na mapie
świata. Rzecz w tym, iż świadomy umysł zatrzymuje współcze-
sną wiedzę o ramach czasowych i geograficznych. Nie twierdzę,

że świadomy umysł ułatwia przypominanie sobie takich informacji. Proszę często klientów, aby wizualizowali liczby, a następnie odczytali je po kolei.

W trakcie jednej z moich sesji, w której klientka przeżywała wstyd i winę z poprzedniego życia, zaistniała pomyłka w datach. Sesję prowadziłem z trzydziestodwuletnią Żydówką, która urodziła się w 1964 r. Okazało się, iż w ostatnim życiu była austriackim żołnierzem, który znęcał się nad Żydami w obozie koncentracyjnym w trakcie Drugiej Wojny Światowej. Urodziła się wtedy w 1920 r. Kiedy spytałem: „Ile miałaś lat, gdy umarłaś?", odparła (bardzo szybko): „osiemdziesiąt sześć". Gdyby rzeczywiście tak było, rok śmierci przypadłby na 2006 r., długo po naszej sesji. Delikatnie zakwestionowałem to, co powiedziała, i wyszło na jaw, że po wojnie żołnierz ten popełnił samobójstwo w wieku czterdziestu dwóch lat (w 1962 r.), czując wyrzuty sumienia z powodu swojego okrucieństwa wobec Żydów. Dwa lata później jego dusza inkarnowała jako osoba, która okazała się być moją klientką, Żydówką.

Z drugiej strony mamy pozytywne oznaki wiarygodności wspomnień, których należy szukać w trakcie badań, jak na przykład:

A. Czy klient ma problemy z tożsamością płciową? Mężczyzna mógł w ostatnim życiu być kobietą i vice versa. Tak więc wewnętrzne zmagania klienta potwierdzają doświadczenie hipnotyczne.

B. Czy na początku wspomnień z poprzedniego życia pojawiła się niepewność co do pierwszych scen, przy czym w późniejszej fazie klient był jednak pewny swoich wizualizacji? Oznacza to, że klient uważnie zastanowił się nad tym, co dostrzega i odczuwa (podobnie, jak to miało miejsce w opisanym wcześniej przypadku Andy i Otis).

C. Czy nastąpiła emocjonalna zmiana w relacji klienta, który na początku był bezstronnym sprawozdawcą, a potem zaangażował się uczuciowo w wizualizacje? Oznacza, że klient przeszedł ze stanu nieprzywiązania do rzeczywistego uczestnictwa.

CZĘŚĆ IV

Mentalne wejście
do świata dusz

Sceny śmierci z poprzednich wcieleń

W trakcie sesji, gdy klient przeżywa swoją śmierć w poprzednim wcieleniu, kładę rękę na jego czole i oświadczam:

Właśnie umarłeś w trakcie ostatniego życia, a ponieważ wiele razy przechodziłeś już to doświadczenie, chciałbym abyś oddalił się teraz od ciała, poczuł się wolny i nie odczuwał dłużej bólu i dyskomfortu fizycznego.

Moja dłoń ma stymulować transfer łagodzącej energii, aby wspomóc akceptację i zaufanie. Zwracam się tymi słowami do tej części umysłu klienta, która jest bezstronnym obserwatorem, aby uświadomić mu, że doświadczenie śmierci ma już za sobą, a poprzednie życie wypełniło się do końca. Jednocześnie nie chcę usuwać całego napięcia z odbywającego się dramatu opuszczania ciała, gdyż wolę, aby klient doświadczył żywych uczuć, gdy uzmysłowi sobie, że jako wolna dusza unosi się w górze. Każdy klient odmiennie relacjonuje swoje wizualizacje, uczucia i emocje, ale także ta sama osoba może inaczej odczuwać scenę śmierci w kolejnych swoich inkarnacjach.

Przed omówieniem dalszej podróży do świata dusz, chciałbym przedyskutować jeszcze kwestię znieczulenia lub deprogramowania emocjonalnie zaangażowanego klienta, który naprawdę odczuwa ból w przypadku gwałtownej śmierci. Potrzeba wykonania tych zabiegów pojawia się wtedy, gdy trudno mu się wyrwać ze stanu cierpienia i przejść dalej w swoich wizualizacjach.

Znieczulanie urazów psychicznych

Proces znieczulania obecnych i poprzednich traumatycznych doświadczeń jest częścią większości kursów hipnoterapii, dlatego skupię się tutaj jedynie na zastosowaniu go w terapii LBL. Urazy emocjonalne związane ze sceną gwałtownej śmierci, na przykład wskutek zabójstwa, może uniemożliwić klientowi odejście od ciała. Na szczęście zaskakująco dużo osób w hipnozie nie poddaje się im i przy pomocy terapeuty uświadamia sobie, że znajdują się w wolnym stanie duchowym i nie doświadczą więcej cierpienia. Takie dusze naprawdę chcą oderwać się od sceny śmierci i tylko dlatego terapeuta może szybko poprowadzić je dalej. Problem zaczyna się wtedy, gdy klient nie chce opuścić mentalnie swojego martwego ciała.

Znieczulenie ma na celu rozpoczęcie powolnego procesu akceptacji traumatycznych zdarzeń przez umysł klienta, aby mógł on żyć bez paniki, strachu, zaniepokojenia czy dyskomfortu. W tradycyjnej hipnoterapii praca ze zdarzeniem z obecnego życia, które jest źródłem problemów psychologicznych, odbywa się stopniowo, poczynając od jego słabej wersji. Następnie powoli przechodzi się do coraz mocniejszych wersji, by w końcu dotrzeć do źródła niepokoju. Chodzi o przeżycie tego samego wydarzenia ponownie, aby powstrzymać emocjonalną reakcję „walcz lub uciekaj" i sprowokować taką zmianę emocjonalną, dzięki której klient może poczuć się bezpiecznie w obecnym stanie.

Nie jest wykluczone, że jednym z zadań terapeuty LBL (w przypadku niektórych klientów) będzie deprogramowanie negatywnych znamion z poprzedniego życia. Pewnego razu przyszła do mojego gabinetu kobieta, która nie była w stanie nosić zegarka ani bransoletki, ponieważ, jak się okazało w trakcie sesji, w poprzednim życiu została przywiązana skórzanymi rzemieniami za ręce do słupka na pustyni i tak pozostawiona. Przed śmiercią w agonii tak mocno próbowała uwolnić się z tych rzemieni, że po zdarciu skóry i mięśni zostały odsłonięte kości nadgarstków. Natychmiast więc znieczuliłem jej traumatyczne przeżycia, choć nie było to konieczne do zabrania jej do świata dusz w trakcie hipnozy. Raczej chciałem pomóc jej pozbyć się źródła dyskomfortu fizycznego, które odczuwała w życiu obecnym.

Nie należę do tych terapeutów, którzy zabierają klienta w hipnozie do trudnych scen z poprzedniego życia i każą mu ponownie przeżywać cierpienie w celu oczyszczenia. Wolę raczej, aby klient wizualizował całość negatywnych aspektów zdarzenia jako wolny od przywiązania obserwator, rozpoznając jednak swoje uczucia. Z moich doświadczeń wynika, iż jest to wystarczający zabieg terapeutyczny, ponieważ szczegółowość danego wydarzenia osiąga taki poziom, na którym klient może je racjonalnie przeanalizować, a następnie usunąć związany z nim uraz. Uważam, że jest to najlepsze podejście w terapii LBL. Przebiegam często dość szybko przez scenę śmierci z poprzedniego życia i proszę, aby klient swobodnie wisiał nad ciałem jako wolna dusza. W takim stanie łatwiej mu połączyć bolesne elementy związane z traumatyczną sceną, ponieważ jako istota duchowa jest świadomy swojej wiecznej jaźni. Za bardzo istotny uważam fakt, że z punktu widzenia świata duchowego obserwacja poprzednich inkarnacji jest o wiele efektywniejsza. Jeżeli to konieczne, zawsze można powrócić do któregoś z poprzednich wcieleń, aby zlokalizować źródło pojawiających się regularnie wzorów karmicznych.

W dalszej części publikacji ponownie omówię terapeutyczne aspekty uzdrawiania duszy, natomiast chciałbym teraz zwrócić uwagę, iż przypominanie fizycznych lub emocjonalnych wydarzeń z poprzednich wcieleń w trakcie, gdy klient mentalnie znajduje się poza ciałem, pozwala mu wyodrębnić źródłowe kwestie karmiczne, zbadać je i odnaleźć ich cel i sens. Tak więc duchowa regresja hipnotyczna to potężne narzędzie, służące do uwolnienia klienta z ukrytego urazu psychicznego, ponieważ nasza egzystencja w ciele fizycznym uzależniona jest od wyborów podejmowanych przez duszę w świecie duchowym i powodów podjęcia wtedy takich a nie innych decyzji.

Początkowe wizualizacje stanu duchowego

W trakcie sceny śmierci, albo w momencie gdy klient oświadcza, iż właśnie umarł w poprzednim życiu, często umieszczam mentalnie wokół niego pole energetyczne ze złotego, ochronnego światła. W tej samej chwili mówię, że jego osobisty przewodnik duchowy dobrze wie, że podopieczny właśnie umarł, i jest teraz w pobliżu. Po chwili dodaję:

Właśnie umarłeś fizycznie i gdy opuszczasz ciało będziesz w stanie dalej mówić do mnie i odpowiadać na moje pytania, ponieważ wszedłeś w kontakt z twoją wewnętrzną, prawdziwą jaźnią. Poczuj, jak twój umysł rozprzestrzenia się w jak największym stopniu. Choć patrząc w dół na swoje ciało możesz odczuwać trochę smutku, to wiedz, że wcześniej przechodziłeś już to doświadczenie i dlatego jesteś w stanie powrócić teraz do domu. Możesz po prostu odfrunąć, gdy będziesz gotowy, pozostawiając za sobą cały fizyczny ból i dyskomfort.

W tym punkcie sesji zmieniam tempo zadawania pytań i zniżam głos. Poruszam się powoli, szczególnie w przypadku młodych dusz, i zadaję bardzo rozważne i przemyślane pytania. Klient właśnie stanął twarzą w twarz ze swoim nieśmiertelnym ego i potrzebuje trochę czasu, aby dostosować się do stanu bezcielesnego. Należy pamiętać, że w regresji w poprzednie wcielenia klientowi łatwiej jest przechodzić z ciała do ciała, z życia do życia, natomiast doświadczenie egzystencji pozbawionej ciała fizycznego w życiu pomiędzy wcieleniami jest dla niego o wiele trudniejsze, ponieważ mimo wszystko cały czas posiada obecne w gabinecie terapeuty ciało.

Gdy klient mówi: „Wychodzę z ciała, ale nie wiem gdzie jestem!", uspakajam go jedynie, że wszystko jest w porządku, choć mogę też dodać: „Gdy zamilknę, po prostu rozejrzyj się dookoła i powiedz mi o pierwszej rzeczy, jaką zobaczyłeś".

W większości przypadków dusza jest pod sufitem lub unosi się nad ciałem, jeżeli śmierć nastąpiła na zewnątrz. Poniżej zamieszczam przykłady otwartych pytań, które zadaję klientowi przy scenie śmierci:

1. Gdzie teraz jesteś w stosunku do swojego ciała?

2. Czy ktoś jeszcze jest w pomieszczeniu (lub w pobliżu twojego ciała, jeżeli leży ono na zewnątrz)?

3. (Przy odpowiedzi twierdzącej) Powiedz mi coś o tej osobie (tych osobach), które są w pobliżu ciebie. Kim ona jest (one są)?

4. Co widzisz wokół siebie? Czego jesteś świadomy?

5. Co czujesz?

6. Co teraz się dzieje? I co się dzieje potem? O jakich zdarzeniach jeszcze mi nie powiedziałeś?

Jeżeli klient nie spodziewał się umrzeć w danym momencie, z powodu smutku i poczucia niedosytu może opierać się prośbom o oddalenie od ciała. Być może umarł w poprzednim życiu młodo, albo w wypadku, albo został zamordowany. Mimo to, znieczulanie traumy często nie jest konieczne. Przypominam mu tylko, że prawdopodobnie wiedział wcześniej, że to życie będzie krótkie, a po powrocie do świata dusz będzie mógł porozmawiać o tych okolicznościach ze swoim przewodnikiem duchowym. Tylko niedoświadczone dusze mają trudności w zaakceptowaniu w miarę szybko fizycznej śmierci.

Z doświadczenia wiem, że większość klientów powinno przez chwilę pozostać ponad swoim ciałem, aby zebrać myśli. Można ich wtedy zapewnić, że wszystko jest w porządku, jeśli są zakłopotani lub zdezorientowani. Gdy dusza jest skupiona na całości sceny śmierci, szybko podsumowuję to, co dowiedzieliśmy się wcześniej o właśnie zakończonym życiu, a klienci czasami korygują to, co mówię. Teraz jest też czas na omówienie najwyższego sensu zakończonego życia. Można ewentualnie poczekać z tym na później, ale z mojego doświadczenia wynika, iż jest to najlepsza chwila, aby zapytać klienta, czy według niego życie to zakończyło się sukcesem, czy też nie wypełnił założonych celów. Ponieważ zakończył on dopiero co mentalną obecność w poprzednim życiu, sceny z niego są wciąż żywe w jego pamięci, a mogą również mieć wpływ na obecne życie.

Jeżeli zajdzie taka potrzeba, dokładniejszą ocenę poprzedniego życia będzie można przeprowadzić w okresie przygotowawczym. W swojej praktyce całkowity postęp klienta przez wszystkie poprzednie wcielenia sprawdzam w innych miejscach w świecie dusz, a dokładnie w trakcie spotkania z Radą Starszych. Nie chcę przedłużać sesji, zatrzymując się zbyt długo nad sceną śmierci, ale ten czas refleksji pozwala klientowi dostosować się i wizualizować siebie jako duszę, będąc jeszcze w pobliżu swojego poprzedniego ciała. Uważam, że jest to dodatkowa korzyść płynąca z natychmiastowej oceny poprzedniego życia.

Gdy klient wizualizuje siebie jako duszę opuszczającą ciało, ale jeszcze pozostaje w ziemskim planie astralnym, może wystąpić bardzo rzadki fenomen w duchowej regresji, który jest znany jako „przywiązanie duszy". Często pytają mnie o „przywiązanie i uwolnienie duszy", ponieważ w literaturze ezoterycznej napisano o tym wiele, czasami w nazbyt sensacyjny sposób.

Bardzo rzadko, choć zdarza się, w pierwszej wizualizacji klienta obszaru duchowego w pobliżu jego duszy pojawia się „ciemny typ". Zwykle, ta nieszczęśliwa osoba jest spokrewniona z klientem więzami krwi, albo była jego małżonkiem lub przyjacielem, choć może nie mieć zbyt wiele wspólnego z poprzednim życiem klienta, gdyż przeszliśmy już do czasu tu i teraz w świecie dusz. Większość klientów, którzy mają to doświadczenie w trakcie sesji, jest dość zainteresowana tym, co się dzieje. Jednakże inne, podejrzliwe osoby – szczególnie te, które w dzieciństwie zostały poddane religijnej indoktrynacji w zakresie „diabelskich sił" – zareaguje negatywnie na pojawienie się intruza.

Rozpoczynając jakiekolwiek działania związane z tą „zagubioną duszą", która zakłóca postęp klienta do świata duchowego, należy rozpocząć od technik uspakajających. Na początku wyjaśniam, że duch ten nie zamierza „posiąść" klienta, ani też nie jest żadną demoniczną czy diabelską siłą. Dusza ta jest po prostu nieszczęśliwa i potrzebuje pomocy, ponieważ nie jest jeszcze gotowa do opuszczenia Ziemi. Na ogół okazuje się, że ma ona obsesję na punkcie swojej śmierci, gdyż była na przykład zmuszona do opuszczenia ciała wskutek morderstwa, samobójstwa, lub wciąż martwi się o ukochaną osobę, która może być w niebezpieczeństwie. Moje poglądy na ten temat wyjaśniłem w książce „Przeznaczenie dusz" w rozdziale o istotach boskich i demonicznych.

W takiej sytuacji podsunąłbym klientowi delikatną sugestię, jak na przykład:

> *Zajmijmy się teraz tą zakłopotaną duszą, łącząc się z jej polem energetycznym, aby dowiedzieć się kim jest, czego chce, dlaczego pojawia się teraz w twojej wizualizacji, i co możesz zrobić, aby pomóc jej pójść w stronę światła.*

Jeden z moich znajomych terapeutów LBL powiedział mądrą rzecz w tej kwestii: „Chociaż istoty te mogą patrzeć, czuć i działać jak istoty empiryczne, w większości przypadków reprezentują one personifikacje lub archetypy osobistej historii klienta jako duszy".

Polecenia rozpoczynające podróż duszy

Przygotowując klienta do odejścia z Ziemi, każdy terapeuta stosuje własną metodologię i polecenia, choć czasami, w przypadku niektórych klientów, trzeba odejść od standardowej procedury. Poniżej przedstawiam moje własne instrukcje i chciałbym zwrócić uwagę na czas ich przekazania. Przeważnie stosuję je przy bramie do świata dusz, choć w przypadku niektórych osób informacje dotyczące ich stanu jako duszy mogą być bardziej efektywne, jeżeli będą przekazane w późniejszej fazie przechodzenia do świata dusz, a wszystko zależy jak bardzo klient jest uwikłany w danym momencie. Polecenia te przedstawiam w trzech częściach:

Jesteś teraz całkowicie w stanie duchowym, bezpośrednio podłączony do najwyższej świadomości twojego umysłu, który jest jak bardzo mocny komputer, przechowujący wiedzę z całej twojej egzystencji. Jako wieczna istota w niewiarygodny sposób pamiętasz wszystkie szczegóły dotyczące twojego wiecznego życia pomiędzy wcieleniami, dlatego nie masz problemu z odpowiedzią na pytania o twoje życie jako duszy.

Udajemy się teraz w miejsce poszerzonej świadomości, a ty przemieszczasz się w górę do pełnego miłości obszaru wszystkowiedzącej mocy duchowej. Chociaż jesteś jeszcze przy bramie do tego pięknego miejsca, twoja dusza może odczuwać radość płynącą z wolności. W trakcie naszej wędrówki wszystko będzie znajome, ponieważ ten spokojny obszar ucieleśnia wszystkowiedzącą akceptację.

Za chwilę odejdziesz od swojego ciała, bez odczuwa-
nia niepokoju. Wkrótce otrzymasz boską pomoc w uwol-
nieniu wszystkich negatywnych energii z twojego fizyczne-
go życia i wkroczysz do wiecznego domu, gdzie będziemy
mogli porozmawiać o twoim wiecznym życiu i wszystkich
wcieleniach, które przeżyłeś do tej pory. Będziesz mógł
spojrzeć na nie w sposób obiektywny i ze zrozumieniem,
ponieważ jesteś w duchowej przestrzeni, w której panuje
porządek i harmonia.

86

Dobór pytań przy bramie do świata dusz

Do tego momentu sesji klient pojął już w pewnym zakresie swoje poprzednie życie, okoliczności śmierci, a także wysłuchał instrukcji dotyczących odejścia. O ile może szybko uświadomić sobie, że jest fizycznie martwy, dostosowanie się do stanu duchowego i przemieszczanie się przez bramę pomiędzy światem fizycznym a duchowym zabiera więcej czasu. Część jego niepewności wynika z faktu, że choć mentalnie doświadcza siebie jako duszy, rozmawia z terapeutą przy pomocy obecnego w gabinecie ciała fizycznego.

Dla większości klientów przekazywanie informacji z umysłu duchowego jest na początku dość trudne. Osoby wrażliwe (około 15 procent klientów) mają trudności z wizualizacjami, ponieważ odbierają informacje poprzez różne zmysły. Lepsze efekty w stosunku do osób typu kinetycznego lub słuchowego przynosiło formułowanie pytań w sposób: „Co czujesz, słyszysz, doświadczasz?", ale gdy weszły one w pełni do stanu duchowego, przekazywanie informacji spoza ciała będzie łatwiejsze, gdy pytania będą koncentrować się wokół typowego „Co widzisz?"

W duchowej regresji bardzo ważne jest wyczucie chwili. Pomimo wskazówek, klienci w niektórych punktach mogą nie być w stanie przemieszczać się, albo przeszli już o wiele dalej, niż się terapeucie wydaje. Po śmierci fizycznej i szybkiej ocenie poprzedniego życia, zadaję następującą serię pytań, w których daję możliwość dokonania wyboru:

1. Teraz przygotowujemy się do odejścia od twojego ciała i podjęcia podróży z powrotem do domu. Czy chciałbyś opuścić to miejsce od razu, czy też wolisz pozostać tu jeszcze chwilkę, aby pożegnać się z kimś lub zająć się innymi niedokończonymi sprawami na Ziemi?

To pierwsze pytanie jest bardzo istotne, gdyż klient może nie być gotowy do opuszczenia Ziemi. Dostawszy możliwość wyboru, klient musi skoncentrować się na działaniu, które ma podjąć. Niektórzy chcą jeszcze pożegnać się mentalnie z jakimiś osobami, ale większość woli od razu wznieść się i mówią: „Chcę po prostu odejść". Starsza i bardziej doświadczona dusza może powiedzieć: „Och, znowu wolność! Wspaniale, jestem w drodze do domu!"

Nawet w tym bezcielesnym stanie dusze wiedzą, że mogą skontaktować się w dowolnej chwili z ukochanymi osobami. Jeżeli klient zechce się jeszcze z kimś pożegnać, można udać się za nim i zobaczyć w jaki sposób dotyka mentalnie tej osoby. Istnieje wiele technik dostępnych duszy i wspomniałem o niektórych z nich w drugim rozdziale książki „Przeznaczenie dusz". Generalnie celem takiego pożegnania jest zapewnienie ukochanej osoby, że dusza, która właśnie odeszła, nadal żyje. Dusze nie przepełniają się przemożnym smutkiem z powodu śmierci fizycznej jak te osoby, które pozostały na Ziemi, ale czują się w obowiązku pocieszyć ukochanych.

Gdy klient oświadcza, że jest gotowy do odejścia, zadaję kolejne pytanie:

2. W trakcie gdy oddalasz się od swojego ciała (poprzez dach w budynku lub bezpośrednio do nieba), opisz proszę wszystko, co dzieje się dookoła, abym mógł z tobą pozostać. (pauza) Czy zacząłeś się już poruszać?

Czasami klient nie odpowiada lub daje niewyraźną, niepełną odpowiedź. Aby więc zachęcić go do odpowiedzi, pytanie powinno stawiać kolejny wybór:

3. Powiedz, czy gdy oddalasz się od Ziemi, widzisz rozciągające się pola, wioski i miasta, czy też wszystko jest niewyraźne?

4. Czy widzisz krzywiznę Ziemi, czy też wszystko jest rozmazane?

5. Czy w trakcie odchodzenia masz odczucie ciągnięcia, czy nie? Czy ta siła jest mocna czy słaba?

6. Czy poruszasz się do góry i spoglądasz w górę, lub też masz odczucie, że poruszasz się do tyłu po pochylni i spoglądasz w dół? (W tym drugim przypadku klient w końcu odwróci się, doświadczy normalnego ruchu w górę, gdzie również spojrzy.)

Odkryłem, że gdy klienci mentalnie oddalają się od planu astralnego Ziemi, należy starać się, aby cały czas byli zaangażowani i poruszali się, w przeciwnym wypadku przepływ informacji zostanie zablokowany. Ktoś może krytykować fakt udzielania ukierunkowanych wskazówek, sprzeciwiając się prowadzeniu klienta, i być może ma rację, ale z mojego doświadczenia wynika, iż w tym momencie sesji niektórzy klienci mają tendencję do mentalnego zawieszenia. Czasami nie chcą rozmawiać z terapeutą z powodu braku pewności co do przekazywania informacji ze stanu duchowego. Nie mogą wyjaśnić co się z nimi dzieje i czują się nieco zagubieni jako dusze. Całkiem możliwe, że nie reagują na pytania, gdyż to co widzą, reprezentuje boską nieśmiertelność i są pod takim wrażeniem, że trudno im w składny sposób przekazać swoje doświadczenia! inni nie chcą zakłócać rozmową swoich duchowych i emocjonalnych wrażeń. Trzeba zrozumieć, że wkraczając na nowy poziom poznania klient przechodzi cudowne przebudzenie.

Wydaje się, że wielu klientów na tym etapie sesji jest pasywnych, choć w rzeczywistości są w pełni pochłonięci procesem przechodzenia do świata dusz. Terapeuta powinien jednak dobrze wiedzieć, co w danej chwili dzieje się z klientem, który może być później bardzo rozczarowany, jeżeli ta faza sesji nie będzie utrwalona na kasecie. Kolejna korzyść wynikająca z omawiania na głos postępu ruchu przy bramie to zaufanie, jakie klient nabywa słuchając terapeuty. Kiedy jest on przekonany, że terapeuta dobrze wie, co się z nim dzieje, łatwiej mu zaakceptować, że to wszystko jest całkiem normalne. Bardzo istotną rzeczą jest uświadomić klientowi wcześniej, że terapeuta dobrze wie na czym polega przemieszczanie się do świata duchowego i przez co przechodzą jego klienci.

W trakcie ustanawiania duchowej więzi z klientem terapeuta chce pozyskać jak najwięcej informacji, a jednocześnie powinien uważać, aby nie naruszyć jego strefy prywatności. Niekiedy na początkowym etapie sesji klient może sądzić, że ujawniając informacje narusza jakiś boski pakt poufności. Dlatego zapewnienie ze strony terapeuty, że dobrze wie na czym polega przemieszczanie się do świata dusz, pozwala klientowi zrelaksować się i nabrać do niego zaufania. Z jednej strony pytania powinny wyrażać pewność terapeuty, ale należy je również zadawać z szacunkiem do świętości świata duchowego.

Istnieje taka tendencja u niektórych klientów, aby nie wysilać się zbyt mocno w fazie przechodzenia, ponieważ w ich odczuciu wizualizacja na tym etapie powinna być dość łatwa, a gdy tak nie jest, myślą, że terapeuta zmaterializuje przed nimi duchowe sceny. Gdy więc klient oświadcza, że nic w danej chwili nie widzi, należy sprawdzić, czy spowodowane jest to brakiem wysiłku z jego strony, czy też naprawdę ma problemy z wizualizacją. Warto wtedy w umiarkowany sposób dociekać przyczyny tego stanu, będąc z jednej strony stanowczym, ale z zachowaniem spokoju i zaufania klienta.

Podczas odkrywania duchowych wspomnień, różnice pomiędzy uczestniczeniem a bierną obserwacją są bardzo niewyraźne, w przeciwieństwie do doświadczeń ze wspomnieniami z poprzedniego życia. W stanie duchowym linie czasu stapiają się, a pytania terapeuty powinny pozwolić klientowi na projektowanie własnych relacji mentalnych. W tej fazie sesji pomocne są następujące trzy pytania:

A. Pytanie otwarte: „Powiedz mi, jakie jest twoje pierwsze wrażenie tego, gdzie znajdujesz się w odniesieniu do otoczenia wokół ciebie".

B. Pytania rozszerzające: „Co o tym wszystkim sądzisz? Jesteś szczęśliwy czy smutny? Czy jesteś podniecony, a może nie bardzo wiesz, jak się czujesz? Co to dla ciebie oznacza? Co to jest, o czym próbujesz mi powiedzieć? Pomóż mi zrozumieć to, co widzisz i czujesz?"

C. Pytania powtarzające i podsumowujące: „Skoro powiedziałeś mi już „to i tamto", pozwól, że to podsumuję. Czy dobrze to zrozumiałem? Czy chciałbyś jeszcze coś dodać?"

Chciałbym jeszcze raz, mocno podkreślić, że klient powinien mieć wystarczająco dużo czasu na udzielenie pełnej odpowiedzi, a jednocześnie terapeuta powinien zachęcać go w odpowiedniej chwili. Znalezienie balansu w tym zakresie przychodzi wraz z doświadczeniem terapeutycznym. Ostrzegam moich studentów, aby nie ulegali iluzji znudzenia, gdy już będą pewnie wykonywać hipnoterapię. Entuzjazm i poważne zainteresowanie każdym klientem jest sprawą kluczową w pracy terapeuty. Klient powinien odczuć, że terapeuta jest zachwycony jego wizualizacjami, słysząc takie stwierdzenia jak: „Och, naprawdę? To wspaniałe, proszę powiedz coś więcej". Sam jestem niezmiernie zainteresowany każdą sesją, którą prowadzę, gdyż nawet jeśli słyszę te same rzeczy wielokrotnie, przeżycia każdego klienta są zawsze wyjątkowe i fascynujące.

Klienci niepodatni na hipnozę LBL

Zdarzają się osoby, które bez problemów przejdą przez wizualizacje poprzednich wcieleń, natomiast przy bramie do świata dusz zostają zupełnie zablokowane. Przeważnie blokada pojawia się przy wizualizacji wspomnień z dzieciństwa, albo przy próbie przejścia do poprzedniego życia, natomiast przy bramie nie jest to zbyt częste. Klienci, którzy stopują postęp hipnozy w dowolnym z tych miejsc, muszą prawdopodobnie zostać przywróceni do stanu pełnej świadomości. W każdym przypadku należy postępować z nimi niezwykle ostrożnie, a hipnoterapeuci powinni wykazać się szczególną dobrocią i ze zrozumieniem podejść do tych klientów, których sesja została przerwana.

Przed wyjściem z mojego gabinetu omawiam z nimi przyczyny niemożności kontynuowania hipnoterapii obecnie, wyjaśniając, że każde wydarzenie w naszym życiu ma swój cel i sens, a co prawdopodobne, w przyszłości ich sesja zakończy się sukcesem.

Praktycy regresji w poprzednie wcielenia posługują się dobrze znaną techniką, gdy klient ma problemy z wizualizacją pierwszej sceny z poprzedniego życia w innym ciele. Łagodzą zmagania klienta, mówiąc po prostu:

> *Nie próbuj czegokolwiek analizować, po prostu wymyśl dla mnie historię. Chciałbym, abyś powiedział mi pierwszą rzecz, jaka przychodzi ci na myśl. Wybierz jakieś miejsce i czas, i wyobrażaj sobie co się dalej dzieje.*

Jeżeli tylko klient jest w stanie wykonać tę instrukcję, wtedy powoli, ale bardzo naturalnie, otwiera się przed nim poprzednie życie. Wydaje się, że gdy osoba w hipnozie może pofantazjować zgodnie ze swoim życzeniem, nie podejmuje aż takiego wysiłku mentalnego i jest bardziej zrelaksowana. Niestety technika ta nie sprawdza się w przypadku świata dusz, gdyż brak tu mocnych parametrów do wytworzenia historii ziemskich wydarzeń z ludźmi.

Sprawdzając w hipnozie przeszłe życie, terapeuta pracuje z podświadomością klienta, natomiast w świecie dusz, nadświadomy umysł jest jeszcze bardziej oddalony od swojej świadomej części. Kluczowym aspektem oporu klienta i blokady związanej z regresją duchową jest to, że aby dotrzeć do nieśmiertelnej duszy w stanie nadświadomości, terapeuta musi przejść wpierw przez zarówno świadomy jak i podświadomy umysł. Pokonywanie blokad byłoby łatwiejsze, gdyby różne poziomy umysłu można było wyodrębnić i wykluczyć, gdy zaczynają przeszkadzać, ale oczywiście nie jest to możliwe.

Co ma wspólnego opór klienta z jego przebywaniem w stanie duchowym? Wieczny charakter duszy może nie ujawnić się w czasie pomiędzy śmiercią a bramą, ponieważ emocjonalny temperament i mózg obecnego ciała klienta staną na przeszkodzie. Nieuświadomiony opór może pochodzić z trudności, jakie klient ma w odseparowaniu swojej tymczasowej ludzkiej osobowości od wiecznego charakteru duszy, lub ego, które również posiada. Istnieje tu dualizm, a niektóre osoby mają ogromne trudności w pokonaniu tych dwu sił.

Jeżeli terapeuta wyczuje, że zamiast duszy odpowiedzi próbuje udzielać obecna osobowość klienta, który ma problem z wyrażaniem siebie w okresie tuż po śmierci, istnieje kilka sposobów poradzenia sobie z tą sytuacją. Oczywiście najpierw należy rozważyć pogłębienie transu, a następnie można zasugerować:

Przeniosłeś się do miejsca poza twoją obecną osobowością, gdzie twój charakter jest bardziej stały. Mimo to, cały czas jesteś sobą. Weź trzy głębokie oddechy i przy trzecim przejdziesz do poziomu, na którym poznasz swoją tożsamość duchową oraz wszystkie informacje związane z wieczną duszą.

Więcej na temat napiszę w rozdziale „Powiązania między ciałem i duszą". Dodam tutaj, że jest jeszcze inna metoda połączenia dwóch ego – duszy i mózgu – na tym etapie sesji. Tuż po śmierci w poprzednim życiu pozwalam klientowi porównać temperament i osobowość swojego obecnego życia z poprzednim wcieleniem. W obu przypadkach ma on do czynienia z ciałem fizycznym i kiedy nagle uświadomi sobie te różnice, łatwiej mu obejść wszelkie bariery tożsamości wprowadzające go w zakłopotanie, a dotyczące obecnego ciała i jego duszy.

To zrozumiałe, że te osoby, które dochodzą do bramy duchowej i nie mogą przejść dalej, są najbardziej rozczarowane i mogą odczuwać złość, zrezygnowane lub poruszenie emocjonalne. Często, gdy z powodu blokady sesja została przerwana, klient oznajmia· „Cały czas byłem przekonany, że napotkam przeszkody i nie otrzymam o sobie żadnych informacji".

Jak już wspominałem wcześniej, niektórzy zawczasu zakładają, że będą rozczarowani. Prawdopodobnie boją się jeszcze samej sesji, czy też wręcz odsłonięcia nieprzyjemnych szczegółowych z ich życia, i w rzeczywistości nie chcą poznać nic nowego. Nie ufają sobie i prawdopodobnie również terapeucie. Fakt faktem, żaden terapeuta LBL nie zagwarantuje, że każda sesja zakończy się powodzeniem. Możemy jedynie stwierdzić, że będziemy czynić co w naszej mocy, prosząc jednocześnie klienta o współpracę, aby uzyskać informacje, których on poszukuje. Z góry uprzedzam moich studentów, że czasami będą musieli przerwać sesję z powodu blokady, a zdarza się, że terapeuta w ogóle nie może dogadać się z klientem, na przykład z powodu polaryzacji negatywnej energii pomiędzy nimi.

Z rozczarowanym klientem należy po zakończeniu sesji porozmawiać dla jego własnego dobra. Można wtedy obudzić w nim samoświadomość, wgląd wewnętrzny i zrozumienie, które są tak cenne w przypadku smutnego i niezadowolonego klienta, gdyż dzięki temu uzna on przerwaną sesję za częściowy sukces.

Pokonywanie różnych blokad u klientów

Próba wykonania wszystkiego co możliwe, aby nie dopuścić do zakończenia sesji z powodu blokad, szczególnie gdy w grę wchodzi własny sabotaż klienta, jest rzeczą jak najbardziej naturalną. Moi studenci LBL, którzy sami są profesjonalnymi hipnotyzerami z różnorodnym zapleczem i doświadczeniem, uważają, podobnie jak ja, że pole energii klienta można czyścić na wiele różnych sposobów, na przykład korzystając z technik szamańskich lub reiki. Często zdarzało mi się wykonywać pasy moimi rękoma, tworząc jednocześnie pewne wibracje głosem, aby wpłynąć na blokadę energetyczną klienta. Wspominałem już o procedurze dotykania czoła klienta ręką, aby wspomóc transfer pozytywnej energii podczas wydawania poleceń uwalniających.

Poniżej przedstawiam stwierdzenia blokujące, które możecie usłyszeć od dusz stojących przy bramie do świata duchowego. Do każdego z nich dołączyłem przykład metaforycznej lub symbolicznej odpowiedzi terapeuty, w której łączy on znany obraz z innym, jeszcze nieznanym. Obrazy te reprezentują duchową przestrzeń, która w momencie przejścia jest przysłonięta. Dzięki symbolicznym porównaniom, łatwiej pokonać blokady, gdyż słysząc je, klient czuje się bardziej komfortowo.

1. Klient: – Nie dowierzam temu, co widzę.

Terapeuta: – Niech twoja wyobraźnia przejmie inicjatywę i nie próbuj w tej chwili niczego rozumieć. To wyobraźnia jest kluczem do twojej duszy. W taki sposób dusza rozmawia z tobą.

2. Klient: – Niczego nie mogę dostrzec. Wszędzie jest czarno.

Terapeuta: – Jesteś formą energii. Z twoich rąk emanuje światło. Przekręć w swoim umyśle wyłącznik i trzymaj ręce przed sobą. Światło wskaże nam drogę, a ja będę za tobą podążał (lub weź mnie za rękę i prowadź), ponieważ to ty szedłeś już tą ścieżką wcześniej.

3. Klient: – Nie wiem co mam teraz robić.

Terapeuta: – Chciałbym, abyś po cichu porozmawiał ze swoim przewodnikiem, który jest w pobliżu. Poproś go o radę, a potem powiedz mi co usłyszałeś i gdzie następnie będziesz zabrany.

4. Klient: – Wydaje się, że unoszę się w pustce, która gdzieniegdzie jest jasna, a w innych miejscach ciemna. Czuję się w stanie zawieszenia.

Terapeuta: – Wyobraź sobie, że pustka ta, jako całość, stanowi czarno-białe pole szachownicy. Jesteś jednym z pionków, który może poruszać się w dowolnym kierunku. W tym momencie pewna niewidzialna ręka kieruje cię w określone miejsce. Zobacz jak porusza się tam. (pauza) Teraz opisz, gdzie zostałeś zabrany.

5. Klient: – Nie jestem pewien, czy powinienem cokolwiek powiedzieć.

Terapeuta: – Możesz powiedzieć lub zrobić cokolwiek zechcesz, ponieważ te wspomnienia należą tylko do ciebie. Są one umieszczone w pamięci w umyśle duchowym. Możesz pozwolić sobie odpowiadać na moje pytania w takim zakresie, jaki uznasz za stosowny. Jestem z tobą, ponieważ poprosiłeś mnie o pomoc. Pomyśl o sobie jako o kinooperatorze, który może pokazać mi dowolny film, którego akcja dzieje się w umyśle, i może przesuwać go wolniej lub szybciej.

Proszę zauważyć, że w odpowiedzi na ostatnią wątpliwość, dotyczącą prywatności, nie zasugerowałem klientowi, iż możemy przerwać zadawanie pytań, ale że możemy poruszać się wolniej lub szybciej. Gdy kwestia prywatności nie będzie już tak ważna, próbuję nakłonić go delikatnie do dalszych odpowiedzi. Nigdy nie wolno doprowadzić do bezpośredniej konfrontacji, umożliwiając klientowi samospełnienie poprzez uwolnienie tego, co było przechowywane w pamięci duszy.

Blokada nałożona przez przewodnika

Dla praktyka LBL to bardzo delikatna kwestia. Kiedy klient stanowczo oznajmia, że czuje się zablokowany, wyczuwam tu działanie jego przewodnika. W przypadku gdy w jakiś sposób informacja zostaje zablokowana przez przewodnika duchowego, oznacza to na ogół, ze klient nie doszedł jeszcze do takiego etapu w swoim życiu, na którym mógłby ją otrzymać. Przewodnik chce w tym wypadku dopuścić do tego, aby jego podopieczny porzucił wysiłki na rzecz poznania swojej tożsamości i historii. Prawdopodobnie klient nie doszedł jeszcze do najważniejszego rozdroża w swoim życiu, a przewodnik uważa, iż powinien on podjąć samodzielną decyzję, niezależnie od wszelkich wcześniejszych sugestii. (Jest to jeden z powodów tego, że przestałem pracować z klientami poniżej trzydziestego roku życia.) Co więcej, niektórzy przewodnicy uważają, że amnezja i blokada nałożona na nas w momencie urodzenia powinna pozostać do końca życia, gdyż to właśnie służy naszym najlepszym interesom.

Jestem jednak uparty i nawet jak przypuszczam, że blokada została nałożona przez przewodnika, nie poddaję się tak łatwo. Próbuję precyzyjnie ustalić, o jaki obszar przewodnikowi chodzi, a następnie go obejść, zakładając, że blokada nie obejmuje wszystkich informacji. Wchodzę wtedy w lekki trans i z zamkniętymi oczami proszę mojego przewodnika o pomoc w porozumieniu się z przewodnikiem mojego klienta, aby częściowo usunąć blokady w odpowiednich obszarach.

Wykonuję to, gdy jestem przekonany, że mój klient potrzebuje tych informacji dla swojego spokoju mentalnego. Czasami czuję, że mój przewodnik pomaga mi, a niekiedy nie, i dlatego zawsze

bezpośrednio zwracam się do blokującego informacje przewodnika, a klienta proszę o to samo. Jedną z technik, jakie stosuje, aby
uzyskać pozwolenie, to powtarzanie na głos takiej oto petycji:

> *Proszę, abyś usunął bariery z mojego umysłu, abym
> dzięki tej wiedzy mógł przyjąć większą odpowiedzialność
> za swoje życie. Jestem gotowy zmierzyć się z prawdą o so-
> bie. Proszę, abyś zaufał Michael'owi (tu można podać
> imię terapeuty), który pragnie pomóc mi w odkryciu mo-
> ich możliwości i uszanuje i będzie chronił wszelkie infor-
> macje o moim życiu w świecie dusz, które uznasz za moż-
> liwe do przekazania.*

Na szczęście rzadko kiedy przewodnicy zakładają całkowitą
blokadę. Lepiej jednak jak najwcześniej określić, czy są one spowodowane przez przewodnika czy też duszę klienta. Choć blokady
mogą pojawić się w każdym momencie sesji, gdy klient przejdzie
już do świata dusz, główne obawy można pozostawić na boku. Odkryłem, że blokujący przewodnicy pojawiają się najczęściej zaraz
po zakończeniu badania poprzedniego życia i tuż przed wkrocze-
niem do świata dusz. Tak więc jeżeli już musi wystąpić jakakol-
wiek przeszkoda, pojawi się ona właśnie przy bramie do świata duchowego. W trakcie szkolenia moi studenci proszą o przykłady takich przeszkód i sposoby ich pokonywania. Aby zilustrować sesję,
w której przewodnik blokuje informacje, wybrałem następujący,
zredagowany przypadek, który nazywam „Śledzenie Apaczów".
Bohaterem jest mój klient, Kyle, i jego przewodnik, Adia.

Jednym z aspektów naszego życia, który wprowadza nas w duże
zakłopotanie, to wybór związków miłosnych. Decyzje z nimi związane są o wiele bardziej skomplikowane niż te, podejmowane w stosunku do naszej kariery zawodowej, czy spraw finansowych. Uważam, że ból po stracie ukochanej osoby w wyniku pewnych decyzji
można umieścić na szczycie listy traumatycznych przeżyć emocjonalnych.

Kyle był trzydziestosiedmioletnim instruktorem górskich spły-
wów kajakowych i od zawsze pragnął pracować na wolnym powietrzu, doświadczać wolności, rozkoszować się przygodą. W trakcie
wstępnej rozmowy kręcił się nerwowo i wolał, aby sesja była jedy-

nie nieprzyjemnym fizycznie doświadczeniem, niż „usunęła jego negatywne myśli", jak stwierdził. Mówiąc o czekającym go rozwodzie z Diane (swoją miłością jeszcze z czasów licealnych), cały czas miał zaciśnięte pięści. Usłyszał niedawno, że ona ma już serdecznie dość jego długich wypraw z klientami, i że chciałaby, aby „ustatkował się, osiadł, poszedł do pracy w miejscu zamieszkania i przestał być wiecznie nieobecnym ojcem i mężem". Narastający problem alkoholizmu tylko potęgował jego nieporozumienia małżeńskie.

Okres separacji był bardzo trudny dla obu stron, które kłóciły się o pieniądze, styl życia i dzieci. Ostatnio Kyle zaczął spotykać się z Lindą, którą poznał na spotkaniach Anonimowych Alkoholików. Lecz pomimo dobrze rozwijającej się nowej relacji, był coraz bardziej sfrustrowany i zakłopotany zmianami w życiu, gdyż cały czas kochał Diane. Problem w tym, że choć jego żona jak sama oświadczyła – nigdy nie przestanie go kochać, to nie zgodzi się na kontynuowanie małżeństwa, ponieważ Kyle i tak nie będzie przebywał w domu.

Sesja regresji hipnotycznej Kyle'a nie należała do łatwych z powodu jego nerwowości i obsesji. Okazało się, że w swoim poprzednim wcieleniu był wywiadowcą kawalerii armii amerykańskiej na pustyni w Arizonie. Miał na imię Hal i zginął w 1873 r. w trakcie ataku Apaczów na jego oddział, mając trzydzieści dziewięć lat. W trakcie wizualizacji śmierci tej, Kyle zaczął się trząść, a moje wysiłki uspokojenia go nie przynosiły rezultatów.

Dr N. – Powiedz, czym się w tej chwili martwisz. Czy to ból z powodu śmierci i fakt, że umierasz tak młodo, czy może coś innego?

Kyle: (ze łzami w oczach, mówiąc szybko, łapiąc oddech) – Nie, nie, to Jane... CHOLERA, MIAŁA RACJĘ! Przeczuwała, że zginę z rąk Apaczów.

Dr N. – Kim jest Jane?

Kyle: – To moja żona... nie chciała, abym jechał na tę wyprawę... a teraz zobacz... PORZUCIŁEM JĄ – i troje moich dzieci.

Dr N. – Ale czy śledzenie Indian nie jest twoją pracą? Czy nie zarabiasz w ten sposób na życie? A może było coś szczególnego tym razem?

Kyle: – Nie, oni zawsze są niebezpieczni, ale ostatnio więcej czasu spędzałem uprawiając ziemię, aby zadowolić Jane. Obiecałem, że osiedlę się i nie będę już pracował dla armii. A jednak tęskniłem za tym życiem, za wolnością, za przygodą, za nowymi sytuacjami każdego dnia, za kamratami...

Dr N. – Dlaczego wiec zgodziłeś się pojechać na tę właśnie wyprawę?

Kyle: – Major Henderson poprosił mnie o pomoc i zaoferował solidne wynagrodzenie. Jane błagała mnie, mówiła, że czuje, iż zdarzy się coś niedobrego. Mówiła, że obiecywałem... ale pojechałem mimo to.

Dr N. – Czy Major Henderson nie mógł znaleźć kogoś innego?

Kyle: (po długiej przerwie) – Tak, być może, ale byłem naprawdę w tym dobry, a Major miał mało czasu. Och Jane, ... tak mi przykro...

Dr N. – Kim jest Jane w twoim obecnym życiu?

Kyle: (ze łzami w oczach) – To Diane.

Kiedy poprosiłem Hal'a, aby oddalił się od ciała w Arizonie w kierunku bramy, krzyknął: „Jestem uwięziony – czuję, że coś mnie powstrzymuje, ogranicza..." Gdy okazało się, że Hal nie może odejść od sceny swojej śmierci, podejrzewałem, że oprócz niechęci do porzucenia Jane, musi być jeszcze inny czynnik jego oporu. Podświadomość kierowała się w tym wypadku jego świadomym oporem jako Kyle, który nie chce porzucić Diane. Tak więc zarówno świadome jak i podświadome wspomnienia, oraz potężne uczucia żalu i winy powstrzymywały go przed wejściem w stan nadświadomości. Znaleźliśmy się gdzieś pomiędzy pustynią w Arizonie a bramą do świata dusz. Postanowiłem poprosić o pomoc jego przewodnika i po chwili skupienia powiedziałem:

Dr N. – Zamierzam przywołać twojego przewodnika, aby pomógł nam w tej sytuacji. Wyobraź sobie, że kiedy spojrzysz w dół, ujrzysz pustynię w Arizonie, a kiedy spojrzysz w górę, zobaczysz czekające na ciebie ochronne światło. Teraz pomyśl, że ten pokój nakłada się na tę scenę i oboje możemy w niej uczestniczyć, a ty unosisz się w powietrzu. Zamierzam teraz poprosić to ochronne światło o pomoc. To jest twój osobisty przewodnik, który darzy cię miłością i wybaczeniem. Czy pozwolisz, abym to zrobił i pomożesz mi w tym?

Kyle: – (niepewnie) Tak, ale nie wiem…

Dr N. (po dalszej zachęcie) – Dobrze. A więc na trzy, twój przewodnik zejdzie do ciebie i będziesz w stanie opisać mi tę istotę bardzo dokładnie. Gotowy? (Kładę swoją dłoń na czole Kyle'go) Raz, dwa, trzy! Co widzisz?

Kyle: (po długiej przerwie) – Och… on tu jest… starszy mężczyzna… szczupły… długie, szare włosy…

Dr N. – Jaką ma twarz?

Kyle: – Mądrą… jest poważny, ale nie wyzywający.

Dr N. – Jak ma na imię?

Kyle: – A… Adia. Jest tutaj.

Dr N. – Również czuję jego obecność, to dobrze, ponieważ możemy teraz skorzystać z jego pomocy. Proszę, skoncentruj się jak najlepiej. Co Adia mówi do ciebie w formie przekazu telepatycznego?

Kyle: – Proszę, nie mów nic przez minutę.

Dr N. (odczekawszy chwilę) – No więc…?

Kyle: – Ja… nie mogę… (klient zaczyna się trząść).

Dr N. (głośno, tonem rozkazującym, aby klient nie zdekoncentrował się) – Mów za twojego przewodnika, używając swojego głosu, teraz!

Kyle: (dziwnym, niskim i bardzo moderowanym głosem) – Zostałeś tu przysłany, abyś pracował z tym mężczyzną (czyli ze mną), tak abyś zrozumiał jakie podejmowałeś decyzje (jako Hal i Kyle). Pozwolę, abyś dowiedział się pewnych rzeczy (w tym momencie czasu), ale nie wszystko, ponieważ masz jeszcze możliwość dokonania wyboru (w stosunku do duszy Jane i Diane).

Okazało się później, że Diane i Kyle to bratnie dusze, i choć niewiele dowiedzieliśmy się o życiu duchowym Kyle, sesja była bardzo wartościowa, ponieważ zrozumiał motywację Diane. Jego żona chciała go zostawić w odpowiedzi na to, że jako Hal pozostawił ją w poprzednim życiu (jako Jane). Lekcja karmiczna, z którą mamy tu do czynienia, pokazuje nam, że to co nas spotyka, to nie kara, a raczej konsekwencje wyborów, które podejmujemy życie po życiu, i które mają wpływ na inne osoby. Długoterminowe cele Kyle'a w tym życiu, jego życie duchowe i jego przyszłość z Diane nie zostały w trakcie sesji ujawnione, ponieważ znajdował się w trakcie testu, czyli na rozdrożu w swoim życiu.

Blokady nakładane przez przewodników mają swój cel. Gdyby Kyle spotkał się z innymi członkami swojej grupy, zobaczył się z Radą Starszych, ocenił swój wybór odnośnie obecnego ciała w przestrzeni doboru życia, nie byłby zmuszony do podjęcia istotnych decyzji w swoim obecnym życiu. Warto zauważyć, że wiek mojego klienta, w którym porzucił swoją żonę, a teraz sam jest porzucony jest całkiem zbliżony – trzydzieści dziewięć i trzydzieści siedem lat odpowiednio. Linie czasu reprezentują wielokrotne związki przyczynowo-skutkowe.

Fale czasu w naszym życiu stanowią echa możliwości, gdyż na każdej ścieżce możemy kształcić się w zakresie naszych głównych zobowiązań. Kyle wyszedł z mojego gabinetu wiedząc, na czym polega problem, ale nie otrzymał definitywnej odpowiedzi, co ma zrobić. Zrozumiał jednak, że wszystkie doświadczenia w życiu mają swoje znaczenie i był przekonany, że blokujący informacje przewodnik objawił mu to, co było dla niego najlepsze na tę chwilę życia.

Wizje światła i ciemności podczas przejścia

Powróćmy teraz do tych klientów, którzy dobrze sobie radzą z odejściem z planu astralnego Ziemi i przepływają pizez bramę. Na tym etapie należy cały czas sprawdzać, w jakim otoczeniu się znajdują. Zadaję wtedy następującą serię pytań:

1. Gdy poruszasz się coraz wyżej i dalej od Ziemi, czy przestrzeń wokół ciebie jaśnieje czy ciemnieje?

Choć pytanie to wydaje się proste, odpowiedź będzie uzależniona od doświadczenia badanej duszy. Gdy klient oświadcza: „Natychmiast przechodzę do światła", przeważnie jest to dojrzała, szybko poruszająca się osoba, która spragniona jest powrotu do domu. Jednocześnie zakładam, że inteligentna siła ciągnąca duszę dobrze wie, jakie będzie najlepsze tempo opuszczania ciała, aby jak najlepiej dostosować ją do gwałtownych zmian związanych z fizyczną śmiercią. Osoby mniej pewne odnośnie swego położenia poruszają się wolniej, a zdarzają się również dusze, które bez względu na poziom zaawansowania, pragną wracać do świata dusz stopniowo.

Nie znam odpowiedzi na pytanie, dlaczego niektóre dusze widzą najpierw portal lub tunel, a inne trafiają od razu do światła. Wiem tylko, że szybkość transmigracji zależna jest od okoliczności związanych ze śmiercią i stopniem znajomości świata duchowego. Słyszałem o osobach przeżywających śmierć kliniczną (ang. NDE), które nie doznały zbyt wielu pozytywnych doświadczeń, gdyż przeżywając to widziały tylko ciemność. Mówiły później o uwięzieniu w tunelu i powrocie do ciała bez ujrzenia pełnego miłości światła, co oznacza, że na krótko pojawiły się przy bramie do świata dusz i szybko powróciły do życia ziemskiego. Jednak większość osób doświadczających NDE pamięta spływające na nie uczucie miłości i jasne światło.

Kiedy osoba w hipnozie mówi o przemieszczaniu się przez ciemność lub pływaniu w szarej, mglistej zasłonie, albo w zachmurzonej atmosferze, gdzie nic nie widać, należy go uspokoić i powoli popychać do przodu. Bez względu na to, czy słyszę od swoich klientów o poruszaniu się w świetle czy w ciemności, mówię im:

2. Szedłeś już tą ścieżką wcześniej. Po prostu poruszaj się dalej i zaakceptuj fakt, że pełna miłości moc zbiera cię do bezpiecznego miejsca.

Wyjaśniam klientom, że wkrótce zacznie się działanie, tak jak miało to miejsce we wspomnieniach z poprzedniego życia. Różnica polega na tym, że teraz mają ciało eteryczne, zbudowane z czystej energii, ale zachowali tę samą zdolność do przekazywania mi swoich wspomnień poprzez obecne fizyczne ciało. Więcej na ten temat można znaleźć w drugim rozdziale Wędrówki dusz, gdzie zawarłem trzy przykłady dusz wkraczających do świata duchowego. Dusze mogą w trakcie przemieszczania czuć się zdziwione tym, co się z nimi dzieje, albo z zupełnym spokojem przekazywać informacje, jakby podróż ta była dla nich czymś oczywistym. Różnorodność reakcji, jakie przejawiają klienci w tej fazie sesji, daje nam pewien ogląd sprawy. Pytam więc często:

3. Powiedz, w którym momencie możesz dostrzec coś więcej niż tylko najbliższe otoczenie?

Jest to jedna z tych chwil, w których terapeuta powinien zachować ciszę. Dodaję czasami następną kwestię, aby uzyskać odpowiedź ideomotoryczną.

4. Nie śpiesz się. Kiedy będziesz widział na dalszą odległość, porusz palcem.

Chciałbym, aby sygnał ten pojawił się spontanicznie i wynikał z nadświadomości, zostawiając na boku świadomą analizę. Należy poczekać, aż osoba w hipnozie będzie gotowa do dalszej relacji, gdyż w przeciwnym wypadku może pojawić się u niej tendencja do wymuszenia wizualizacji w celu zadowolenia hipnoterapeuty.

Gdy klient powie już, że płynie w przestrzeń, w której postrzega otoczenie w szerszej perspektywie, nie ma znaczenia czy widzi jasność, czy też rozmazane i ciemne światło, dlatego to samo pytanie o indywidualne światła zadaję każdej osobie:

5. Czy wokół siebie dostrzegasz kulę światła, czy też punkty świetlne gdzieś w oddali?

Kiedy osoba w hipnozie ma możliwość dokonania prostego wyboru, jej opór i niepokój związane z zagubieniem w przestrzeni zmniejszają się. Jednak, gdy klienci dostrzegają cokolwiek innego, niż sugeruje regreser, od razu korygują jego słowa. W tym momencie najważniejsze jest to, aby klient relacjonował to, co widzi.

Prędzej czy później większość osób dochodzi do świateł. Czasami wyjaśniam im, że reprezentują one inteligentne istoty, a niekiedy nie mówię tego. W tym miejscu pomagam jedynie najbardziej niezdecydowanym klientom. Pojedyncza kula świetlna reprezentuje przeważnie przewodnika duchowego, a punkty świetlne to najczęściej dusze towarzyszące. Po każdym z wcieleń klienci mogą doświadczyć odmiennych wizualizacji. Na przykład przewodnik może czekać w pobliżu bramy po jednej z inkarnacji, a po innej dusza spotka go dopiero po wejściu do świata duchowego. Innym razem przy bramie będzie czekała zaś jego bratnia dusza.

Pierwszy kontakt z istotami duchowymi

Kiedy na początku klienci dostrzegają zbiór świateł, wykrzykują: „Widzę gwiazdy!". Ich wizualizacja podobna jest do widoku gwiaździstego nieba na Ziemi. Kontynuuję więc moją serię pytań:

6. Ile widzisz świateł? Policz je.

7. Czy są zebrane razem, czy rozproszone?

8. Czy jedno z nich jest większe niż pozostałe?

Klienci odpowiadają często: „Widzę jedną, dużą kulę świetlną w oddali". Reprezentuje ona przeważnie przewodnika. Bez względu na typ odpowiedzi, moje następne pytanie jest zawsze takie samo:

9. Czy aby wejść w kontakt z tym światłem (światłami) musisz udać się w prawo, do przodu, czy na lewo?

Oprócz tego, że osoba w hipnozie dostała pewien wybór, inną korzyścią płynącą z tego pytania jest uruchomienie wewnętrznego kompasu duchowego, tak że klient zaczyna zdawać sobie sprawę, iż ma pewną zdolność kontrolowania swojego ruchu po świecie duchowym. W odpowiedzi zawsze słyszę, że światła znajdują się w określonym kierunku, i mówię wtedy:

10. Popłyń (w prawo, w lewo, lub do przodu) w kierunku tego światła, gdy jednocześnie światło płynie w twoim kierunku.

Trzeba oczywiście poczekać chwilę, aż klient odnajdzie się nieco, ale nie można dopuścić, aby pogrążył się w marazmie, gdy przez dłuższą chwilę nie może połączyć się ze światłami. Moje następne pytanie brzmi:

11. W czasie gdy wraz ze światłem zbliżacie się do siebie, powiedz mi, czy jest ono jasne czy ciemne i jakie widzisz kolory?

Jeżeli osoba w transie jest skłonna odpowiadać, pytam o kolory główne i poboczne, które odnoszą się odpowiednio do poziomu zaawansowania i charakteru duszy. Omawiam to szczegółowo w rozdziale piątym książki „Przeznaczenie dusz", a w tej publikacji więcej miejsca temu tematowi poświęcam w rozdziale „Rozpoznanie kolorów dusz" Części V. Jeżeli klient dostrzega tylko jasną kulę lub kolumnę światła przed sobą, pytam o jej barwę (spośród kolorów: biały, żółty, niebieski, lekko fioletowy). Dzięki temu wiem, czy mam do czynienia ze starszym czy młodszym przewodnikiem. Dwa lub więcej świateł o różnych kolorach, skupionych razem, reprezentują często dusze towarzyszące.

W trakcie ćwiczeń z moimi studentami, gdy praktykują na sobie duchową regresję hipnotyczną, zauważyłem, że istnieje pewne nieporozumienie co do koloru białego w stosunku do przewodników i dusz towarzyszących. Pytają mnie: „Dlaczego biały kolor występuje zarówno u przewodnika jak i młodszych dusz?". Kiedy zaczynałem swoją praktykę, znalezienie odpowiedzi na to pytanie zabrało mi sporo czasu. Rzecz w tym, że kolor reprezentuje wibracje energii, a biały jest podstawową barwą, na której bazuje całe pozostałe spektrum.

Obserwując zbliżające się z oddali światła klienci przeważnie mówią: „Widzę białe światła wynurzające się z półmroku". Z tego właśnie powodu, na początku myśleli, że widzą gwiazdy na niebie. Zbliżając się w stronę świateł, dostrzegają, że sceneria zmienia się. Pytam wtedy:

12. Proszę opisz kształt i wygląd światła, które wyszło ci na spotkanie.

W przypadku zbliżającego się przewodnika, klienci widzą przeważnie dużą kulę światła, wydłużony kształt lub postać ludzką. Po pewnym czasie osoba w transie może stwierdzić, że białe światło zmieniło się w żółte lub niebieskawe, aczkolwiek zmiana ta następuje przeważnie w dalszej części sesji, w trakcie okresu przygotowawczego lub powitania z grupą.

Błyszczące w stały sposób białe światło, które reprezentuje nieskazitelną energię, oznacza czystość myśli i intencji, natomiast kolor niebieski komunikuje wiedzę, a fioletowy – mądrość. Są to wszystko oznaki zaawansowanej istoty, natomiast u młodszych dusz stałe białe światło jest nieco przytłumione lub pulsujące. Pulsacja ta wskazuje często na niespokojną osobę, pełną podniecenia i entuzjazmu, która zmaga się, aby osiągnąć harmonię, co jest tak charakterystyczne dla mniej zaawansowanych dusz. Białe plamki mogą również pojawiać się na czerwonej, żółtej, zielonej lub niebieskiej barwie światła.

Kiedy dusza w końcu spotyka się ze światłem, które wyszło jej na powitanie, pytam:

13. Gdy światło to zbliży się do ciebie, czy ujmuje cię za rękę, czy też otula pełną miłości energią?

W czwartym rozdziale książki „Przeznaczenie dusz" opisuję jak dusze traktowane są przy bramie. Czasami stosuje się technikę otulania energią leczniczą, a niekiedy przewodnik koncentruje się na krawędzi ciała eterycznego duszy, jakby ujmując ją za rękę. Kiedy dusza odczuwa bańkę energii wokół siebie, prawie zawsze wytwarza ją jej osobisty przewodnik, a nie bratnia lub towarzysząca dusza.

Następnie próbuję dowiedzieć się, jak mój klient czuje się, doświadczając energii swojego przewodnika, ponieważ lecznicza energia przenika duszę jakby na wskroś. W tym samym rozdziale czwartym omawiam różne formy odnowy duchowej energii. Chciałbym tu podkreślić, że w tej fazie sesji większość osób w transie hipnotycznym odpręża się, a zakres uczuć, o których wspominają, może wahać się od pełnego szacunku do spokoju. Mówią też, że ich energia jest jakby mniej gęsta, co oznacza, że mentalnie oddzielili się już od ciała fizycznego.

Kiedy klient po raz pierwszy w trakcie sesji dostrzega swojego przewodnika duchowego, można spodziewać się poruszającej sceny. Wielu płacze, traci kontrolę nad sobą i przeżywa obecność kochającego nauczyciela; inni śmieją się z radości. Szczerze mówiąc, jest to jeden z najwspanialszych i najgłębszych momentów całej sesji, dlatego warto pozwolić duszy nacieszyć się tym spotkaniem i nie rozmawiać z klientem zbyt wiele. Pod ręką mam chusteczki, a w tym czasie przekazuję sugestie posthipnotyczne, że wspomnienia spotkania z przewodnikiem duchowym pozostaną w świadomej pamięci do końca życia.

Interakcje z istotami witającymi

Niezmiernie istotny jest zarówno proces rozpoznania przez powracającą duszę tych osób, które witają ją u bramy świata duchowego, jak i dynamika osobistej relacji z tymi istotami. Na początku tej fazy sesji zadaję pytanie otwarte:

1. Czy w związku z tą istotą, która wita cię teraz, pojawiają się u ciebie jakiekolwiek myśli, o których jeszcze nie rozmawialiśmy?

U większości klientów zarówno proces identyfikacji jak i udzielenie odpowiedzi na pytanie o ich przewodników i dusze towarzyszące zabierają trochę czasu. Jedno z pytań, które należy postawić, brzmi:

2. Czy w twoim odczuciu istota pojawiająca się przed tobą to mężczyzna czy kobieta?

Odkryłem, że dusze, które pozostają przy postrzeganiu jedynie masy światła pozbawionej tożsamości płciowej, są częstokroć bardziej zaawansowane i mogą spokojnie obyć się bez dostrzegania ludzkiej postaci. W praktyce LBL z pewnością pojawią się również klienci, dla których wiele dusz wydaje się mieć cechy obojnacze.

Dusza towarzysząca, pojawiająca się na początku jako światło, na ogół natychmiast umożliwia rozpoznanie swojej tożsamości, objawiając się w formie ciała fizycznego z poprzedniego życia klienta lub nawet kogoś z jego obecnych znajomych. Za każdym razem, gdy klient w transie hipnotycznym dostrzega ludzką postać, czy to swojego przewodnika czy bratniej duszy, zadaję następujące pytania:

3. Czy dostrzegasz jakiekolwiek rysy twarzy?

4. Czy rozpoznajesz kolor oczu, kolor lub długość włosów?

5. Czy zarys całego ciała tej istoty przypomina ci kogoś?

6. Wiem, że w tamtym obszarze nie istnieją dźwięki podobne do ludzkiej mowy, ale czy docierają do ciebie telepatycznie jakiekolwiek informacje w formie słów lub obrazów, o których powinniśmy porozmawiać?

Przykłady zawarte w trzecim rozdziale „Wędrówki dusz", zatytułowanym „Powrót do domu", obrazują, w jaki sposób klienci przeżywają spotkanie z członkami swojej grupy dusz w pobliżu bramy do tego świata. Na powitanie wychodzą im na ogół bratnie dusze, a spotkanie takie (jeżeli w ogóle ma miejsce) nie trwa zbyt długo, gdyż przewodnik jest w każdej chwili gotowy do przejęcia inicjatywy i poprowadzenia duszy do następnego miejsca. Jeżeli konieczna jest rozbudowana ceremonia powitalna, w której uczestniczyć ma wiele dusz towarzyszących, zazwyczaj odbywa się ona później, przy pierwszym kontakcie duszy z całą grupą. Powitanie przez członków skupiska, czy to przy bramie czy też w skupisku, zawsze ma na celu pełne miłości i radości uhonorowanie powracającego przyjaciela.

Oprócz całej zabawy, jaka nieodłącznie wiąże się z powitaniami, mogą one mieć również bardzo głębokie znaczenie. Jako przykład podam mojego klienta, który w swoim poprzednim życiu przyjaźnił się z czteroma innymi żołnierzami z tej samej jednostki Armii Brytyjskiej. Na początku Pierwszej Wojny Światowej cała piątka została wysłana do Francji, a pod koniec sierpnia 1914 r. spotkali się na swoim ostatnim wspólnym obiedzie w uroczej paryskiej kafejce, położonej na lewym brzegu rzeki Seine, by ucztując, śpiewając i bawiąc się, zapomnieć o tym co ich czeka. Następnego ranka zostali wysłani na pierwszą linię frontu, a na początku września czworo z nich zginęło w tym samym dniu i o tej samej godzinie, w trakcie Pierwszej Bitwy pod Marne. Ten, który przeżył, był ciężko ranny i jako inwalida wojenny został wysłany do domu. Do końca swojego pełnego cierpienia życia rozpaczał po stracie przyjaciół i czuł się winny, że przeżył jako jedyny. Żołnierz ten, będący teraz moim klientem, zmarł w swoim poprzednim życiu w 1936 r.

Po powrocie do swojej grupy dusz, jego przyjaciele przywitali go ubrani w wojskowe mundury, a spotkanie powitalne odbywało się w odtworzonej scenerii tej samej paryskiej kafejki. Wszystko to zostało przygotowane tak, aby wspomóc proces uzdrawiania tej duszy i ukoić jej cierpienia z ostatniego tragicznego życia. Wiemy już, że wszystkie powracające dusze mają możliwość odnowienia swojej energii przy bramie, jednak te z nich, które wracają do domu mocno okaleczone po traumatycznych przeżyciach, są traktowane w szczególny sposób. Dostrzegam to zwykle w przypadku straty bliskiej osoby, małżonka, czy przyjaciela. Dlatego należy wziąć pod uwagę, że sceny powitalne oprócz radości, która się z nimi wiąże, mogą zawierać również symbolikę przejmujących zdarzeń karmicznych, które mają szczególne znaczenie dla klienta. Niewykluczone, że wydarzenia z poprzedniego życia mogą mieć wpływ na jego obecne życie, dlatego należy wziąć je pod uwagę.

Warto pamiętać, że to, czy ukochana osoba z poprzedniego wcielenia wizualizowanego przez klienta przebywa obecnie na Ziemi w tym samym czasie, nie ma większego znaczenia, gdyż część naszej energii nigdy nie opuszcza świata duchowego. Na przykład, jeśli ktoś umiera 30 lat po śmierci swojej matki, to nawet jeśli ona reinkarnowała już do nowego życia fizycznego, mimo to może powitać swoje dziecko w świecie dusz, dzięki pozostawionej tam cząstce swojej energii. Proces ten opisuję w wielu miejscach książki „Przeznaczenie dusz".

W trakcie regresji duchowej należy zapewnić klientowi wystarczającą ilość czasu na rozpoznanie pojawiających się istot. Na początku komunikacji z przewodnikami można spodziewać się urywanych, pobieżnych odpowiedzi. Relacja pomiędzy duszą a nauczycielem jest tak intensywna, że klient może próbować wykręcić się od udzielania dalszych odpowiedzi, twierdząc: „Nie mamy sobie nic do powiedzenia". W rzeczywistości oznacza to, że nie mają nic do powiedzenia hipnoterapeucie. Klient uważa odbywającą się w tamtym wymiarze rozmowę za zbyt poufną, albo że żadne słowa nie są konieczne do opisania tego, co właśnie doświadcza. Osobiście nie pozostaję obojętny wobec takiej powściągliwości klienta. Moim zadaniem jest uzyskać jak najwięcej informacji, które pomogą mu w jego obecnym życiu. Delikatnie daję mu do zrozumienia, iż zdaję sobie sprawę z poufności jego rozmowy z przewodnikiem, dodaję jednak:

Powinieneś informować mnie o tym, co otrzymujesz, abym wiedział czy wszystko jest w porządku.

W niektórych przypadkach mogę być bardziej stanowczy:

Przyszedłeś do mnie w celu uzyskania dostępu do informacji duchowych, które są ważne w twoim obecnym życiu, ale w wypełnieniu tego zadania potrzebuję twojej pełnej współpracy i pomocy, aby wszystko mogło zostać nagrane (na kasecie).

Jeżeli osoba w stanie hipnozy nadal wstrzymuje się od udzielenia informacji o swoim przewodniku duchowym, zadaję kolejne pytania. Może to być na przykład dobry moment, aby zapytać:

7. Jak ma na imię twój przewodnik?

Przed sesją wyjaśniam zwykle klientowi, że co jakiś czas będę dotykał swoimi palcami jego czoła, co ma pomóc mu w procesie przypominania, dzięki transferowi energii poprzez mechanizm przyczyna–efekt. Uczulam go, że procedura ta jest szczególnie pomocna przy pozyskiwaniu informacji o imionach. Tak więc w tym momencie sesji, po wykonaniu tego ruchu, oznajmiam, że mogą oboje wypowiedzieć duchowe imię, abym mógł efektywnie pomagać im w trakcie procesu przypominania. Jeżeli klient ma trudności z przypomnieniem sobie imienia przewodnika, mówię: „Nie martw się; gdy przypomnisz sobie później, powiedz mi o nim".

Jeżeli swobodnie odpowiada na pytania związane z uzyskiwanymi przez niego informacjami, kontynuuję moje dociekania:

8. Co ci powiedziano?

Czasami mogę mocniej naciskać, prosząc o więcej szczegółów:

9. Co przewodnik sądzi o twoich poczynaniach w poprzednim życiu?

Od tego momentu dalsze pytania i odpowiedzi są indywidualne u każdego klienta. Należy jednakże zdawać sobie sprawę
z tego, że przy bramie nie uzyskuje się na ogół zbyt wielu informacji. Najczęściej spotykane odpowiedzi to: „Mój przewodnik mówi mi, że zrobiłem to, co musiałem" lub „On mnie wita i
mówi, że wkrótce porozmawiamy".

Jednak dzięki temu hipnoterapeuta przygotowuje świadomy
umysł klienta na to, że zostanie poproszony o odpowiedzi na takie
szczegółowe pytania w trakcie dalszej podróży po świecie dusz.

Nigdy nie spędzam zbyt wiele czasu przy bramie, gdyż wolę
poprosić klienta o przemieszczenie się ze swoim przewodnikiem do następnego miejsca, gdzie mogę uzyskać więcej informacji. Pierwszym przystankiem będzie zapewne przestrzeń
odnowienia energii duszy, ale na początku nie sugeruję, gdzie
przewodnik może go zabrać, chyba że klient się zaplątał. W tym
miejscu zadaję pytanie:

10. Co się teraz dzieje?

W odpowiedzi słyszę często: „Znowu się poruszam". Jeżeli
wydaje mi się, że w umyśle klienta nie pojawiają się żadne obrazy, mogę podsunąć następującą sugestię:

11. Czy czujesz się gotowy, abyś mógł być poprowadzony
dalej?

Jedno z najczęściej zadawanych przez ze mnie w trakcie sesji
pytań brzmi:

12. Gdzie jesteś następnie prowadzony?

Dopiero gdy wszelkie sposoby ogólnego nakierowania zawo-
dzą, zadaję pytanie bardziej szczegółowe:

Czy sądzisz, że jest to dobra pora, aby rozpocząć wraz z przewodnikiem przygotowania do wejścia w atmosferę świata duchowego?

Warto zwrócić uwagę na jeszcze jeden relacjonowany przez klientów aspekt wędrówki duszy po świecie duchowym, a mianowicie na sposób przemieszczania się. Niektórym wystarczy, aby sformułowali określoną myśl, a natychmiast pojawiają się w wybranym przez siebie miejscu, co wydaje się być podstawą prawdziwej natury transportu duchowego. Tacy klienci mogą z chęcią korzystać z waszych instrukcji dotyczących przemieszczania się po świccie dusz.

Etapy powrotu do świata dusz

Zasadniczo istnieją trzy główne fazy powrotu duszy do świata duchowego:

A. Początkowy kontakt z inną istotą duchową przy bramie do świata dusz.

B. Okres przygotowawczy, w trakcie którego zabrana w określone miejsce dusza zdaje raport swojemu przewodnikowi.

C. Faza końcowa, czyli powrót do skupiska własnej grupy.

Powyższy schemat ulega u wielu klientów modyfikacjom, związanym nie tylko z poziomem zaawansowania duszy, ale również z wyzwaniami i traumą, jakie doświadczała ona w zakończonym dopiero co życiu. Czasami dusza może przenieść się bezpośrednio do swojej grupy lub stanąć od razu przed Radą Starszych, pomijając okres przygotowawczy; może przez jakiś czas pozostać w odosobnieniu, aby bez kontaktu z innymi istotami przemyśleć swoje ziemskie życie. Bardziej zaawansowane dusze, kształcące się w niezależnych grupach badawczych, mogą przyłączyć się do nich natychmiast po zakończeniu inkarnacji, a inne mogą od razu pojawić się na zajęciach lekcyjnych swojej grupy lub w bibliotece. Jedno jest pewne, żadna dusza nie rozpoczyna kolejnego życia zaraz po zakończeniu poprzedniego.

Najbardziej powszechną zmianą w podanym powyżej schemacie powrotu duszy z życia fizycznego jest umieszczenie jej bezpośrednio w przestrzeni odnowienia energii. Pomimo iż początkowy kontakt przy bramie i okres przygotowawczy związane są w jakiś sposób z rewitalizacją, niektóre dusze wymagają natychmiastowego uzupełnienia mocno zniszczonych zasobów swojej energii, a pomoc w tym może przybierać różne formy.

Czasami osoba w transie, która właśnie przekroczyła granicę tamtego świata, stwierdzi, że jej osłabiona energia duchowa znajduje się w dziwnym miejscu, na przykład w geometrycznym lub krystalicznym obszarze zamkniętym, który, jak się wydaje, pomaga jej w uzdrowieniu i przywróceniu równowagi energetycznej. Niektórzy mówią o konieczności dostrojenia swojego poziomu wibracji przy pomocy tego środowiska oraz o potrzebie samotności przed dołączeniem do grupy, gdyż przez jakiś czas nie chcą komunikować się z kimkolwiek. Wydaje się, że po zakończeniu niektórych wcieleń dusze potrzebują poświęcić czas na refleksję w odosobnionym miejscu, zanim przejdą do kolejnych działań. Klienci nadmieniają jednak, że przewodnicy cały czas monitorują ich postęp.

W opinii klientów kryształ występuje często jako symbol rewitalizacji. Praktyk LBL nie raz usłyszy, że miejsce odnowy energetycznej przypomina szklany słup lub składa się ze ścian o wielu płaszczyznach, które odbijają dookoła nich kolorowe promienie świetlne. Można by rzec, że są to generatory wibracyjne, służące do ponownego naładowania naturalnych energii duszy poprzez energię uniwersalną. Czasami pomagam klientowi wyrazić to, co właśnie przeżywa, umieszczając w jego ręku kryształ, gdyż staje się on wtedy, jak sądzę, przewodnikiem wzorców myśli pomiędzy nami.

Zarówno w życiu fizycznym, a także w czasie pomiędzy wcieleniami, okres odosobnienia pomaga w ocenie własnego życia, odnowieniu energii, i staje się inspiracją do dalszych działań. Tu na Ziemi jesteśmy przeważnie tak pochłonięci rolami, które odgrywamy, że nie potrafimy zrozumieć, kim naprawdę jesteśmy. Po zakończeniu trudnej inkarnacji nagle zostajemy pozbawieni ciała, wiążącego nas z wszystkimi okolicznościami, z którymi zmierzaliśmy się na Ziemi. Nietrudno więc sobie wyobrazić, że przed powrotem do normalnych zajęć w świecie duchowym, dusza pragnie pozostać przez jakiś czas sama ze sobą.

W czwartym rozdziale książki „Przeznaczenie dusz" omawiam różne sposoby leczenia energii duszy, w zależności od stanu, w jakim powraca ona z inkarnacji. Poniższa lista przedstawia trzy podstawowe procesy odnowienia energii:

A. Standardowe leczenie większości dusz jeszcze przed okresem przygotowawczym.

B. Szybka pomoc tym duszom, które opuściły ciało poprzez gwałtowną śmierć.

C. Specjalna terapia w wyznaczonych obszarach przeznaczona dla tych dusz, których energia uległa mocnemu zanieczyszczeniu w ciągu całego fizycznego życia.

Pragnę podkreślić, że klienci, którzy w poprzednim życiu doświadczyli wielu cierpień, nie będą skłonni do informowania o zbyt wielu szczegółach obszarów odnowy energetycznej. Nakłaniam ich do mówienia tylko wtedy, gdy czuję, iż ma to ścisły związek z obecnym życiem, ponieważ rozmyślanie o tych doświadczeniach nie jest warunkiem sukcesu duchowej regresji. W tym miejscu kieruję się tymi samymi zasadami, które przedstawiłem już w rozdziale „Znieczulanie urazów psychicznych".

Okres przygotowawczy

Prawie w każdym przypadku występuje okres przygotowawczy duszy, prowadzony przez jej przewodnika. Chciałbym wobec tego uczulić praktyków LBL na różne aspekty tego początkowego etapu pobytu w świecie dusz. Wspomniałem już, jak głębokim szacunkiem darzą swoich przewodników dusze przy pierwszym wizualnym kontakcie z nimi. Uczucia te będzie można zwerbalizować, gdy dusza przejdzie już z przewodnikiem do przestrzeni, w której następuje aklimatyzacja i wstępna ocena zakończonego życia fizycznego.

Myślę, że regreserzy duchowi powinni w tym miejscu ponownie przeczytać piąty i ósmy rozdział Wędrówki dusz, w którym mówię o okresie przygotowawczym i przewodnikach. Takie zagadnienia, jak odpowiednio przygotowana sceneria, przewodnicy juniorzy i seniorzy, będą bardzo istotne w pracy z wieloma klientami. Podobieństwa w tym wypadku są dość powszechne, choć oczywiście występują różnice w szczegółach. Na przykład mocno wierzący chrześcijanin może przy pierwszym kontakcie z przewodnikiem wykrzyknąć: „Och! Widzę Jezusa!", a ktoś inny powie: „Anioł po mnie przyszedł".

Klienci o głębokich przekonaniach teologicznych mogą sądzić, że sesja LBL jest raczej doświadczeniem religijnym niż duchowym. Manifestują się tu świadome założenia związane z doktryną religijną. Staram się ostrożnie podchodzić do tych drażliwych kwestii i na ogół mówię: „Dobrze, podejdźmy więc nieco bliżej, aby lepiej przyjrzeć się tej osobie". Szybko okazuje się, że jest ona osobistym przewodnikiem, którego dusza otrzymała na początku swego zaistnienia, a nie przywódcą czy prorokiem jednej z głównych religii.

Niektórzy nazywają swoich przewodników „aniołem stróżem". Istoty te nie mają skrzydeł, ale unoszą się w przestrzeni i czasami otaczająca je aura białego światła może nasunąć takie skojarzenia. W trakcie przemieszczania się w kierunku miejsca aklimatyzacji, wiele osób opisuje, że przewodnicy ukazują się im w powłóczystych szatach; ukazują głowę z wyrazistymi rysami twarzy oraz cechy tożsamości płciowej, których wcześniej nie było widać.

Miejsce, w którym dusza pozostaje w okresie przygotowawczym, jest przeważnie uformowane w sposób przypominający jakieś komfortowe i znane ziemskie otoczenie. Klienci mówią często o ogrodzie, w którym siedzą wraz ze swoim przewodnikiem na marmurowej ławce, lub o dobrze znanym pomieszczeniu ze stołem i krzesłami. Może to być również otwarta przestrzeń, a nawet przestrzeń powietrzna z chmurami ułożonymi w określony sposób.

Po zbadaniu ostatniego życia, terapeuta zna już okoliczności związane z efektami poprzedniego wcielenia. Dzięki temu może pomóc klientowi w przypominaniu sobie procesu asymilacji do świata dusz. Ten okres przygotowawczy związany jest z uzdrowieniem mentalnym, a pojawiając się ostrożnie jako strona trzecia w dyskusji pomiędzy duszą a jej przewodnikiem, regreser duchowy może dowiedzieć się wiele ciekawych rzeczy o bieżących uprzedzeniach i konfliktach w życiu klienta. W dalszej części tekstu omówię, jak można wykorzystać czas tu i teraz w świecie dusz do obecnie prowadzonej terapii.

Poniżej przedstawiam serię pytań, jakie zadaję klientom podczas ich okresu przygotowawczego:

1. Czy w trakcie rozmowy ze swoim przewodnikiem omawiacie, jakie cele założyłeś wcześniej na to ostatnie życie? Jeśli tak, jak wiele z nich udało ci się osiągnąć?

2. Czy biorąc pod uwagę omówione cele możesz powiedzieć mi, jakie było twoje największe osiągnięcie lub największe rozczarowanie w zakończonym właśnie życiu?

3. Mając na uwadze twój ciągły rozwój, czy mógłbyś porównać ostatnie kilka inkarnacji na tle twoich wszystkich wcieleń?

4. Powiedz mi, w jaki sposób twój przewodnik pomaga ci przed, podczas i po zakończeniu danego życia?

5. Czy w trakcie okresu przygotowawczego przewodnik wyraża swoją opinię o całokształcie twojego postępu?

6. Jaką radę otrzymujesz na tym etapie twojej podróży do domu?

7. Czy możesz omówić inne, ważne dla ciebie aspekty rozmowy z przewodnikiem?

W trakcie okresu przygotowawczego osoba w hipnozie uzyskuje głębszy wgląd w siebie, dlatego warto odnieść pytania do bieżących wydarzeń z jej obecnego życia. Okazuje się, że w duchowym otoczeniu dusze dość uczciwie podchodzą do swoich słabości. Po zakończeniu fizycznego życia samokrytyka wzbudza wiele emocji w trakcie jego analizy. Przewodnicy, choć mogą różnić się stylem pracy, opierają się na ogół na założeniu: „Nie bądź taki krytyczny wobec siebie, poszło ci całkiem dobrze".

Po wysłuchaniu tysięcy kierowanych przez przewodników rozmów w trakcie okresu przygotowawczego, mogę was zapewnić, że nie trzymają się oni sztywno jakichś przepisów, ani nie próbują narzucać swojego zdania. Raczej pełni empatii uważnie słuchają swoich podopiecznych, gdyż i tak wiedzą o nich wszystko. Przed przewodnikiem nic się nie ukryje i dusza dobrze o tym wie. Wierzę, że przewodnicy zostają przydzieleni w taki sposób, aby ich cechy były zbliżone do mocnych i słabych stron w wiecznym charakterze dusz, którymi mają się opiekować. Wygląda to tak, jakby charaktery nauczyciela i ucznia były do siebie niezwykle podobne, albo jakby nauczyciel zmagał się już kiedyś dokładnie z tymi samymi problemami, z którymi borykają się teraz jego podopieczni.

Przewodnicy darzą nas przemożnym uczuciem miłości, a to, co przyjmujemy za intuicję lub instynkt, jest często ich głosem. Po zakończeniu sesji LBL, klient może przyznać, że dopiero teraz zdaje sobie sprawę z pewnych symbolicznych informacji, które otrzymywał wcześniej w tym życiu, a które miały doprowadzić do rozwoju jego świadomości. Każdy przewodnik pracuje na swój indywidualny sposób. Niektórzy od razu pomagają nam wydostać się z dołków, w które wpadliśmy w życiu, a inni czekają, aż wezwiemy ich zdesperowani swoją bezsilnością.

Kiedy klient wspomina o swojej frustracji wynikającej z niewypełnienia założonych na poprzednie życie celów, warto zwrócić uwagę jak kwestie te odnoszą się do niektórych wyzwań, które stoją przed nim w tym życiu. Na tym etapie duchowej regresji staram się uzyskać jak najwięcej ogólnych informacji o duszy, z którą pracuję, nie koncentrując się na zbyt wielu szczegółach. Odkryłem, że okres przygotowawczy nie jest intensywną sesją pytań, zadawanych duszy przez jej przewodnika, a polega raczej na wysłuchaniu raportu i udzieleniu kilku wskazówek. Dopiero w późniejszej fazie pobytu w świecie dusz ma miejsce głębsza analiza percepcji i zachowania duszy w zakończonym właśnie wcieleniu.

Okres przygotowawczy nie jest najlepszym momentem na upór terapeuty w zadawaniu pytań. Długie sesje LBL przynoszą ku temu wiele innych okazji, które zapewniają lepsze efekty wnikliwych dociekań. Najważniejszą chwilą w trakcie duchowej terapii klienta jest czas, gdy stoi on przed Radą Starszych, o czym należy pamiętać, gdy osoba w hipnozie nie chce udzielać wcześniej zbyt wielu informacji. Oczywiście, dla wielu klientów zachowanie w tajemnicy przeżyć w sferze duchowej i prywatność duchowych doświadczeń jest sprawą nader istotną. Ciekawe, że dotyczy to głównie okresu przygotowawczego, a w innych momentach regresji osoby hipnotyzowane są bardziej otwarte. Po latach doświadczeń sformułowałem własne wnioski na ten temat.

W trakcie okresu przygotowawczego dusza ma pierwszą sposobność przedstawienia nauczycielowi swoich wrażeń z ostatniej inkarnacji. Niektóre z nich, jednakże, mogą nie być do tego w pełni przygotowane, ponieważ najpierw muszą się zrelaksować. Myślę, że oprócz pragnienia zachowania prywatności, klient może po prostu nie pojmować w pełni tego, co doświadcza, a przez to komunikacja będzie utrudniona.

Dusza w okresie przygotowawczym, będąc na początku swojej podróży po świecie duchowym, zachowuje wciąż swoje przywiązanie do ciała fizycznego, które dopiero co opuściła. Pozostałości temperamentu biologicznego i osobowości ziemskiej pozostają jeszcze przez jakiś czas w żywej pamięci duszy, pomimo powrotu do jej wiecznego charakteru. Czynniki te powodują, że wspomnienia osoby hipnotyzowanej z okresu przygotowawczego mogą na początku przyczynić się do pewnego zakłopotania, gdyż przekazuje ona informacje poprzez zupełnie odmienne od duchowego medium, a mianowicie swoje obecne fizyczne ciało.

Przedostanie się przez transformacje, których doświadcza osoba w hipnozie, do głębszego i czystszego stanu duszy pomiędzy wcieleniami zabiera trochę czasu. W miarę trwania sesji psychologiczna rzeczywistość życia duchowego jawi się klientowi bardziej dosłownie i obrazowo. Cierpliwość terapeuty w okresie przygotowawczym przynosi później wymierne korzyści, gdy klient zda sobie w pełni sprawę ze swojej duchowej natury.

Ponieważ celem okresu przygotowawczego jest jedynie ogólne zapoznanie powracającej duszy ze światem duchowym, czas duchowy może jej się wydawać zbyt krótki. Klienci podkreślają często, że nie pamiętają wszystkich szczegółów ze swojej ostatniej aklimatyzacji, co oznacza, że prawdopodobnie w swoim obecnym życiu nie powinni pamiętać zbyt wiele z tamtego okresu. Gdy klient poda już wystarczająco informacji o wstępnej rozmowie z przewodnikiem, przeważnie chętnie zgadza się na prośbę terapeuty o przejście do następnego miejsca. W odpowiednim momencie pytam więc: „Czy nadeszła już pora przejścia do następnego miejsca?". Jeśli odpowiedź nie jest jednoznaczna, formułuję pytanie precyzyjniej: „Czy nadszedł czas przyłączenia się do twoich przyjaciół?". Pada wtedy przeważnie odpowiedź twierdząca.

Prowadzący terapię LBL ma spory wpływ na kształt i tempo sesji. W rzeczywistości klienci nieświadomie potrzebują takiego ukierunkowania. Chciałbym jednak ostrzec, że mają oni swoje preferencje co do niektórych obrazów duchowych. W pewnym momencie sesji mogę, z powodów terapeutycznych, zapytać:

Czy dla własnego dobrego samopoczucia psychicznego i korzyści duchowej chciałbyś udać się teraz w jakieś określone miejsce w świecie dusz?

Klient może tę sugestię zaakceptować lub odrzucić. To, że w opinii terapeuty należałoby w danej chwili wprowadzić go w jakąś określoną scenerię duchową, nie oznacza, że się na to zgodzi.

Przed udaniem się w proponowane miejsce, osoba w transie może zapragnąć znaleźć się w innych obszarach świata dusz. Co więcej, te same, typowe dla większości klientów scenerie, będą dla innych wyglądać zupełnie inaczej. Jeżeli tylko wewnętrzny kompas osoby zagłębionej w transie funkcjonuje bez zarzutu, należy zawsze się nim kierować. Zdarza się, że to klient przejmuje inicjatywę i kieruje terapeutę w te obszary swojej duchowej pamięci, które mają istotny wpływ na sytuacje w jego obecnym życiu. W każdej chwili duchowej regresji, gdy klient odmawia przemieszczenia się dalej, można po prostu zapytać:

Czy chciałbyś się czegoś jeszcze w tym miejscu dowiedzieć, czy też jesteś już gotowy udać się dalej?

Należy zawsze zachować elastyczność i otwarte podejście w stosunku do swoich planów, zachęcając jednocześnie klienta do ciągłego dostarczania informacji zwrotnych. W trakcie sesji można spodziewać się dłuższych chwil ciszy. Sądzę, że w tym czasie osoby w transie otrzymują sporo informacji duchowych, których nie ujawniają terapeucie. Trzeba zaakceptować te przerwy po pewnych staraniach ze strony terapeuty. Ich długość stanie się bardziej oczywista w trakcie odsłuchiwania kasety. W miarę nabywania doświadczenia w prowadzeniu sesji LBL terapeuta uzyskuje coraz więcej wskazówek duchowych o tym, jak najlepiej postępować z klientem w trakcie hipnozy, gdyż relacja klient–terapeuta opiera się w rzeczywistości na partnerstwie.

CZĘŚĆ V

Życie między wcieleniami

Powrót do własnej grupy dusz

Dla przeciętnej duszy ten ostatni etap powrotu do świata dusz jest szczególnie radosny. Klient ma możliwość spotkać w trakcie hipnozy te dusze towarzyszące, które są z nim blisko związane. Synchronia odgrywa w regresji LBL ważną rolę, gdyż w trakcie sesji osoba hipnotyzowana może odczuwać potrzebę spotkania określonej duszy. Odkryłem, że po nawiązaniu pierwszego kontaktu z grupą przyjaciół, przebywających w swego rodzaju skupisku, przewodnik usuwa się ze sceny. Wydaje się, że unosi się wtedy gdzieś w pobliżu, choć wielu klientów stwierdza, że przemieszczają się sami, a szczególnie w końcowej fazie tego okresu przejściowego. Pomimo to, dusza nie odczuwa samotności, ani nie czuje się porzucona przez przewodnika.

W trakcie okresu przejściowego można oczekiwać różnorodnych opisów miejsc, gdzie oczekują na duszę jej przyjaciele. Dla niektórych będzie to otwarte pole lub wiejska sceneria, dla innych świątynia, biblioteka czy budynek szkolny. Relacje z podróży w okresie przejściowym są niezwykle różnorodne, a nawet u tego samego klienta mogą różnić się od siebie w odniesieniu do poszczególnych inkarnacji. W szóstym rozdziale Wędrówki dusz, zatytułowanym „Okres przejściowy", mówię o przemieszczaniu się dusz najpierw do ogromnego, centralnego portu, skąd w dalszej kolejności są transportowane do spokojniejszych obszarów, gdzie postrzegają z pewnej odległości przeźroczyste bańki ze skupiskami dusz.

W piątym rozdziale książki „Przeznaczenie dusz", w podtytule „Przestrzenie społeczne", wspomniałem o typowych zdarzeniach wizualnych, gdy klienci dostrzegają ogromną aulę, wypełnioną wieloma grupami dusz. Powracająca dusza przynależy do jednej z tych grup, tzw. pierwszorzędnej, która składa się od dziesięciu do dwudziestu dusz (Ilustracja 1 powielona w Załączniku), zaś pobliskie skupiska tworzą wraz z nią zespół grup drugorzędnych, liczący w sumie do tysiąca dusz.

W trakcie mojej pracy pojawiły się następujące pytania: „Dlaczego niektóre dusze spotykają swoich przyjaciół w scenerii wiejskiej, a inne w różnego rodzaju budowlach?" i „Dlaczego niektórzy postrzegają na początku wiele dusz rozmawiających ze sobą w przestrzeni społecznej, a innych wita tylko grupka najbliższych przyjaciół?". Po wielu latach doświadczeń doszedłem do pewnych konkluzji, choć oczywiście nie ma absolutnej pewności w tych kwestiach. Można w logiczny sposób założyć, że moment opuszczenia Ziemi tuż po śmierci ma ścisły związek z chwilą wejścia w przestrzeń duchową, a dokładnie z określonym punktem nieprzerwanej sekwencji działań w świecie dusz. Przekonałem się, że ta sama dusza może w odmienny sposób powracać do skupiska dusz po każdym ze swoich wcieleń.

Aranżacja otoczenia, w którym dusza spotyka się z przyjaciółmi w świecie duchowym po zakończeniu danego życia fizycznego, może mieć z nim ścisły, symboliczny związek. Może odnosić się do poszczególnych cech charakteru duszy, a także tymczasowej osobowości ciała, które dusza właśnie opuściła. Należy zadać sobie pytanie: „Czego dusza potrzebuje w największym stopniu, aby zintegrować się ponownie ze światem dusz?". Terapeuta musi wziąć pod uwagę zarówno tożsamość danej duszy, jak i historię życia swojego klienta. Inną sprawą jest wpływ jego obecnych przekonań na wizualizacje, a także poziom zaawansowania jego duszy.

Gdy zastanawiam się nad symboliką niektórych scen, dochodzę do wniosku, że dusze tuż po przejściu w przestrzeń duchową odnoszą swoje ziemskie doświadczenia z zakończonego właśnie życia do sytuacji, które napotykają w świecie dusz, i które wydają się znajome. Podejrzewam, że te metaforyczne porównania, w których pewne pojęcie lub obraz komunikuje określone znaczenie, mogą być nawet aranżowane przez przewodników. W trakcie próby zinterpretowania duchowych obrazów, umysł klienta może wytworzyć metafory, dzięki którym kwestie duchowe mogą być zrozumiane na planie fizycznym. Bez względu jednak na rodzaj sceny powitalnej, należy zawsze zastanowić się, jakie znaczenie ma ta właśnie określona scena dla duszy. Proszę rozważyć poniższe przykłady:

A. Ogrody stanowią źródło poczucia bezpieczeństwa oraz tworzą przestrzeń do spokojnej rozmowy z przewodnikiem.

B. Świątynie (oraz inne przestrzenie społeczne) pomagają w duchowym zjednoczeniu z innymi osobami.

C. Szkoły i sale lekcyjne to obszary związane z ćwiczeniami lekcyjnymi grupy dusz oraz nauczycielami.

D. Biblioteki są miejscem indywidualnej refleksji i samodzielnego zdobywania wiedzy.

E. W skupisku grupy pierwszorzędnej dusza może doświadczyć pieleszy domowych i przyjemności relacji rodzinnych.

Odpowiedni czas na zabranie klienta do przestrzeni, w której może postrzec swoich towarzyszy, nadarza się przeważnie zaraz po okresie przygotowawczym. Może on sam udać się w tym kierunku, albo poczekać na prośbę terapeuty. Pytam czasami: „Czy nadszedł już czas, abyś spotkał się z przyjaciółmi?"

Klienci opisują często skupisko jako pewien rodzaj obszaru wewnątrz przestrzeni, w której przebywa grupa przyjaciół. Obszar ten (nie mylić z przestrzenią społeczną) jest uważany za miejsce duchowego schronienia. Przeźroczysty teren zamknięty może w szczególności dla młodszych dusz reprezentować barierę, oddzielającą daną grupę od innych skupisk.

W trakcie spotkania z przyjaciółmi, klienci swobodnie odpowiadają na pytania związane z odczuwaniem poziomów wibracyjnych poszczególnych dusz. Podczas zbliżania się do własnej grupy, kiedy po obu stronach narastają emocje radosnego oczekiwania, klient coraz bardziej odczuwa indywidualne i zbiorcze częstotliwości wibracji dusz towarzyszących.

Rozpoznanie dusz towarzyszących

Przed dokładną identyfikacją poszczególnych dusz w grupie, warto zapoznać się z trzema głównymi kategoriami dusz towarzyszących nam w wiecznym życiu:

A. Bratnia dusza: Często, choć nie zawsze, dusza ta jest dla nas bliskim partnerem, np. mężem lub żoną. Może to być również brat, siostra, najlepszy przyjaciel, a nawet rodzic (rzadko).

B. Dusze towarzyszące: Duchowa rodzina członków danej grupy. W życiu ziemskim dusze te występują jako rodzeństwo, dzieci, najlepsi przyjaciele.

C. Dusze stowarzyszone: Należą do grup drugorzędnych, zajmujących przestrzeń wokół naszego skupiska. Inkarnują często jako nasi rodzice lub osoby wspierające nas, których jednym z zadań jest udzielenie nam określonej lekcji karmicznej. Przeważnie są to nasi znajomi, z którymi z jakiegoś powodu nawiązaliśmy relację. Jednak wielu z tych dusz nie znamy zarówno w obszarze ziemskim jak i duchowym.

Na bazie powyższego podziału istnieją różnorodne modyfikacje ról i zachowania poszczególnych dusz w stosunku do nas. Całkiem możliwe, że możemy mieć jedynie przelotny związek z osobą, która jest w rzeczywistości duszą towarzyszącą z grupy pierwszorzędnej, a nie duszą stowarzyszoną z grupy drugorzędnej. Może to wynikać z powikłań karmicznych z poprzedniego życia.

W trakcie zbliżania się do skupiska własnej grupy, klient może wahać się w udzielaniu odpowiedzi, a nawet milczeć przez jakiś czas. Wspominałem już, że po niektórych obszarach sesji LBL należy poruszać się dość wolno. Jednym z takich okresów jest proces identyfikacji dusz, w czasie którego należy pozostawić klientowi wystarczająco dużo czasu na udzielenie odpowiedzi. Gdy oświadcza: „Przychodzę z daleka i nie rozumiem co się dzieje", utwierdzam go jedynie w tym co robi, mówiąc:

Postępujesz właściwie, podejdź spokojnie bliżej. Bądź cierpliwy, a wkrótce wszystko się wyjaśni.

Podchodząc bliżej klient powie coś w rodzaju: „Widzę punkty świetlne". Wizualizacja ta jest podobna do relacji o światłach pojawiających się w fazie przechodzenia z poprzedniego życia do świata dusz. Z reguły reaguję na jego stwierdzenie, zadając kolejno następujące trzy pytania:

1. Powiedz mi, co one robią?

W tym wypadku standardowa odpowiedź brzmi: „Myślę, że czekają na mnie". Moje następne pytanie wymaga już większej precyzji.

2. W jaki sposób są ustawione?

W przypadku gdy klient nie odpowiada lub jest niepewny, podsuwam mu więcej szczegółów do wyboru:

3. Czy te punkty świetlne poruszają się pojedynczo, w parach, czy też postrzegasz je jako jedną gromadę świateł?

Proces zbliżania się do własnej grupy dusz opisuję również w rozdziale piątym książki „Przeznaczenie dusz", gdzie na ilustracjach 2 i 3 pokazane są dwa najbardziej popularne ustawienia przyjaciół oczekujących na powracającą duszę: pozycja falangi-diamentu i pozycja półkola. (Ilustracje 2 i 3 reprodukowane w Załączniku.) Warto zwrócić uwagę na pozycję duszy w stosunku do pozycji przewodnika w każdym z tych ustawień. Stoi on wyraźnie z tyłu, co potwierdza się w większości przypadków. Podkreślałem już, że na tym etapie powrotu duszy do swojej grupy, większość przewodników nie stara się nam uprzykrzać życia czy być natrętnym.

Wydaje się, że w tym czasie dusze nie mają najmniejszej ochoty rozmawiać ze swoim nauczycielem. Gdy podejdą już dość blisko do skupiska swojej grupy, wiele osób w transie ma dość blade pojęcie o tym, gdzie w tej chwili znajduje się ich przewodnik. Czasami klienci mają jednak w miarę dobre rozeznanie w tej kwestii i wskazują, że podczas procesu identyfikacji poszczególnych członków grupy przewodnik stoi za nimi lub tuż obok linii ustawionych na powitanie dusz. Można się o tym przekonać, gdy klient stwierdzi: „Jedno ze świateł jest jaśniejsze i emanuje inny kolor niż pozostałe punkty".

Chciałbym teraz podać przykład mojej „techniki zegara", która jest dość pomocna w trakcie procesu identyfikacji. W poniższym przykładzie moim klientem jest Susan, która w trakcie wizualizacji siebie jako powracającej duszy napotkała właśnie półkole punktów świetlnych, które uznaje za swoich przyjaciół.

Dr N. – Chciałbym, abyś podchodząc bliżej do świateł swoich przyjaciół, powiedziała mi jak są ustawieni przed tobą: w linii, półkolu, okręgu lub zgrupowani?

Susan: – Hmm... w pewnym półkolu.

Dr N. – Dobrze, policz teraz ile widzisz świateł. Nie śpiesz się, policz spokojnie.

Susan: (chwila przerwy) – Och... widzę... dziewięć.

Dr N. – Gdy podchodzisz w ich stronę, jesteś ustawiona po środku, po lewej, czy po prawej stronie tych dziewięciu świateł?

Susan: (pewniej) – Po środku.

Dr N. – Poproszę cię teraz o pomoc. Wyobraź sobie, że te wszystkie dusze stoją wokół ciebie jak numerki na tarczy zegara. Ty znajdujesz się w środku tego zegara, skąd wychodzą wskazówki. Dusza naprzeciwko ciebie ustawiona jest na pozycji godziny dwunastej; dusza najdalej po lewej stronie na pozycji godziny dziewiątej, a dusza najdalej po prawej stronie na pozycji godziny trzeciej. W trakcie podchodzenia bliżej, jeżeli za tobą poruszałby się punkt świetlny, byłby na pozycji godziny szóstej. Reszta przyjaciół może być w dowolnych miejscach. Rozumiesz?

Susan: – Tak.

Dr N. – Dobrze. Powiedz mi z której pozycji na zegarze podchodzi do ciebie pierwsza dusza?

Susan: – Och, z przodu, z pozycji dwunastej.

Dr N. - Czy istota ta wydaje się być mężczyzną czy kobietą?

Susan: – Mężczyzną.

Dr N. – Kim on był w życiu, które dopiero co zakończyłaś?

Susan: – Moim mężem, Jimem.

Uwaga: Jeśli spotkanie to jest bardzo emocjonalne, daję mojemu klientowi czas na uściskanie tej osoby, a także pozwalam mu opowiedzieć o rozmowie z tą osobą.

Dr N. – A kim on jest w twoim obecnym życiu?

Susan: – Mój Boże! To mój mąż, Bill.

Dr N. – Jakie jest jego wieczne, duchowe imię?

Susan: – Sza ... och... Szamo

Dr N. – A jakie jest twoje wieczne imię? Jak Szamo zwraca się do ciebie?

Uwaga: Być może pytanie o duchowe imię klienta zostało zadane już wcześniej w trakcie sesji, ale jeśli tak się nie stało lub klient go nie podał, teraz jest okazja, aby uzyskać tę informację.

Susan: – Lila... Wołają na mnie Lila.

Dr N. – Dobrze, Lila, powiedz mi jaki kolor Szamo emanuje w twoim kierunku?

Susan: – Hmm... Żółty i biały.

Dr N. – Gdybym stał teraz na miejscu Szamo i trzymał przed tobą duże lustro, jakie kolory emanowałyby z ciebie?

Susan:– Te same kolory.

Użycie jak najwcześniej w trakcie sesji imion duchowych umożliwia klientowi lepszą identyfikację ze swoją duszą. Dzięki temu może również poczuć się bardziej związany z wydarzeniami w świecie dusz, które objawiają się w jego umyśle.

Rozpoznanie kolorów dusz

Mógłbym po prostu zapytać Susan: „Jakim kolorem emanujesz?". Odkryłem jednak, że skorzystanie z pomocy obrazów, gdy dusza symbolicznie postrzega się w lustrze, umożliwia udzielenie odpowiedzi bardziej obiektywnej od tej, która padłaby w innym wypadku. Co więcej, ponieważ klient wizualizuje w tym momencie pewną konfigurację grupy dusz emanujących wiele kolorów, należy to wzmocnić wraz z nim i rozrysować w notatkach. Klient będzie zwykle postrzegał swoich przyjaciół stojących w półkolu, a poruszanie się po tej linii pozwala mu dostrzec lub poczuć swoich towarzyszy, określić imię, kolor i osobiste cechy każdego z członków grupy. Jeżeli dusze stoją zgrupowane lub ustawione w kształcie diamentu, należy podejść do pierwszej duszy na przedzie, a następnie poruszać się do następnych, stojących w tyle.

Ilustracja 4 w Załączniku zawiera spektrum kolorów, jakie emanują aury duchowe dusz w zależności od ich poziomów zaawansowania. Znaczenie tych kolorów, przyjęte na podstawie ogromnej ilości zeznań klientów, podane jest w piątym rozdziale książki „Przeznaczenie dusz", w podtytule „Kolory istot duchowych". Na Ilustracji 5 w Załączniku zamieściłem przykład kolorów energii, jakie emanuje typowa grupa jedenastu dusz, a także jakie role odgrywają poszczególne dusze w obecnym życiu klienta.

Barwy są generowane przez specyficzne wibracje energetyczne każdej duszy i dzielą się na kolory główne i kolory aureoli. Kolory główne wychodzą z centrum masy energii każdej duszy i określają jej stopień zaawansowania, zaś kolory aureoli (poboczne) wskazują na jej cechy charakteru. Barwy główne i poboczne mogą być takie same, bądź różnić się od siebie. Dusza z drugiego poziomu, którą cechuje intensywność i pasja, emanuje jeden kolor – czerwo-no-pomarańczowy. Wśród barw pobocznych: żółty wskazuje na siłę i odwagę, zielony to kolor leczniczy, niebieski komunikuje wiedzę, a fioletowy mądrość.

W trakcie relacji klienta należy uważać, aby nie pomylić kolorów jasnozłotych z podstawowymi tonami żółtego. Wiele dusz z poziomu trzeciego ma podstawowy żółty kolor, który nie jest często tak dobrze widoczny jak jasnozłoty. Dusze wysoce zaawansowane mogą emanować błyszczącym złotym kolorem, często w postaci plamek wymieszanych z odcieniami niebieskimi i fioletowymi. Złoty, jako potężny i aktywny kolor, reprezentuje wysoce oczyszczony wzór energii, choć wskazuje on również na cechy podobne do tych, które obrazuje kolor żółty, czyli moc ochrony i wpływ na inne, mniej zaawansowane dusze.

Często otrzymuję pytania o różnicę pomiędzy wiedzą a mądrością, które są reprezentowane przez kolory odpowiednio ciemnoniebieski i ciemnofioletowy, gdyż w obu przypadkach chodzi o zaawansowane dusze. Istoty emanujące kolory niebieskie, to „mózgowcy", ich domeną jest analiza i zwracają dużą uwagę na szczegóły związane z przyczyną i skutkiem w odniesieniu do karmy. Niektóre „niebieskie" dusze są bardziej ruchliwe w obszarze świata dusz i oddają się podróżom pomiędzy wymiarami. W takim przypadku niebieski wskazuje na poziom zaawansowania i może występować wraz z kolorem srebrnym, który łączy się ściślej z indywidualną naturą duszy.

Mocny, ciemnofioletowy kolor przynależy starszym przewodnikom i członkom Rady. Ich mądrość oparta jest na głębokiej, różnorodnej wiedzy i połączona z doświadczeniem i umiejętnościami. Ponieważ wszystko wskazuje, że to właśnie członkowie Rady decydują o naszym następnym ciele, muszą oni posiadać wielką mądrość i oryginalne podejście do rozwiązywania problemów. Procedura połączenia indywidualnego charakteru duszy z mózgiem ludzkim wymaga pomysłowości, albo wręcz pierwiastka boskości. Tak więc istoty emanujące zarówno niebieskie jak i fioletowe barwy, przestrzegają wysokich standardów moralnych, potrafią podejmować właściwe decyzje w trudnych sytuacjach, są doskonale zorganizowane, a jednocześnie cechują się kreatywnością, ogromną cierpliwością, współczuciem i miłością.

Terapeuci LBL powinni być bardzo ostrożni w zakresie niezmienności przyporządkowania znaczenia poszczególnym kolorom. Odkryłem, że dla dużego odsetka klientów poszczególne kolory reprezentują określone cechy, a wraz z nimi – poziom zaawansowania duszy. Należy jednak oczekiwać wyjątków, gdyż wibracje energetyczne są bardzo subtelne i anomalie zdarzają się tak jak wszędzie. Co więcej, ma tu zastosowanie zasada ograniczonego zaufania w stosunku do klienta, od którego nie oczekuje się, że w ciągu całej sesji będzie w spójny sposób podawał wszystkie szczegóły. Przed podjęciem decyzji co do przyporządkowania duszy do określonego poziomu i jej kolorów, terapeuta powinien sprawdzić wzajemną zgodność wszystkich stwierdzeń osoby w transie.

W trakcie oprowadzania klienta wśród członków jego grupy, zapisuję pozycję każdej z dusz i pytam: „Jakim kolorem ona emanuje?"

Nawet jeśli dusza promieniuje więcej niż jednym kolorem w trakcie wizualizacji grupy, klient może połączyć je w jeden kolor bez wyraźnego rozróżnienia szczegółów. Jeżeli osoba hipnotyzowana postrzega tylko jeden centralny kolor (szczególnie z większej odległości), najczęściej reprezentuje on poziom zaawansowania duszy. Zapisuję również jak mocno świecą poszczególne istoty, czy ich światło jest wyraźne i stałe (jak w przypadku dusz o wysokim poziomie energetycznym), czy też przytłumione i migotające (jak w przypadku dusz młodych i pasywnych). Wskazówki te wnoszą wiele do procesu określenia cech duszy.

Zbieranie informacji o grupie dusz

Zbieranie informacji o całej grupie zabiera sporo czasu, gdyż wielu klientów nie spieszy się w trakcie rozpoznawania poszczególnych członków grupy. Terapeuta powinien w pełnym zakresie umożliwić klientowi zapoznanie się z jego wszystkimi duszami towarzyszącymi, aby nie pominąć żadnej z nich. Sporządzanie notatek w trakcie tego etapu jest jak najbardziej pożądane. Osobiście zaczynam notować podawane przez osobę w hipnozie informacje od momentu jej wejścia w poprzednie życie, abym mógł w każdej chwili poprosić o potwierdzenie poprzednich relacji. Mogę na przykład skomentować wypowiedź w ten sposób: „Gdy zbliżaliśmy się do skupiska, powiedziałeś mi, że dostrzegasz dziesięć istot, a teraz poznaliśmy dopiero dziewięć. Czy nie brakuje kogoś?". Czasami mogę być bardziej precyzyjny: „Wiem, że są dwie dusze na godzinie czwartej i drugiej, ale czy nie ma kogoś na godzinie trzeciej?"

Zauważyłem, że bardzo pomocną rzeczą na tym etapie jest spis ważnych osób z obecnego życia klienta oraz notatki sporządzone podczas określania dynamiki społecznej pomiędzy członkami rodziny. Dusza towarzysząca ma przeważnie dwa imiona – ziemskie i duchowe. Czasami to wieczne imię duszy może być trudne do wymówienia, podobnie jak z imieniem przewodnika. Po tym jak osoba w hipnozie wypowie imię danej duszy (zgodnie z moimi wcześniejszymi wskazówkami podanymi w trakcie kontaktu w przewodnikiem), proszę o jego przeliterowanie, aby mógł je zapisać. W przypadku niepełnych danych stwierdzam: „Będę po prostu używał to co mi podałeś, później możesz skorygować te informacje lub je uzupełnić".

Po tym jak wypowiem kilka razy zasłyszane imię, klient przeważnie koryguje mnie, jeśli wypowiadam je niepoprawnie. Dotyczy to szczególnie jego wiecznego imienia.

Bratnie dusze

W trakcie witania i rozpoznawania poszczególnych dusz towarzyszących szczególne emocje wzbudza pierwszy kontakt klienta z jego bratnią duszą, która często wychodzi na przeciw i jako pierwsza wita się z powracającym do domu przyjacielem. Wiele informacji o bratnich duszach zamieściłem w swoich poprzednich książkach. Natomiast tutaj chciałbym skupić się przede wszystkim na jednej z kwestii terapeutycznych związanych z bratnimi duszami, która może wystąpić i wywołać głębokie poruszenie u klienta na tym etapie regresji.

Każdy, kto doświadczył w swoim życiu głębokiej miłości, zdaje sobie sprawę, że proces mentalnego i fizycznego zjednoczenia może wpłynąć na transformację ducha. Doświadczenie specyficznego uczucia, gdy jakaś cząstka jaźni zdaje się rezydować w innej osobie, jest esencją tej jednoczącej energii. Przebywające ze sobą bratnie dusze są wtedy jakby pełniejsze dzięki wzajemnej obecności. Kiedy to występuje, prawdziwa miłość ma moc przekształcenia jaźni w jeszcze mocniejszą siłę. Potrzeba wyrażenia tego uczucia w fizycznej formie jest jedną z podstawowych motywacji, jakimi kierują się bratnie dusze, gdy decydują o wspólnym pojawieniu się i spotkaniu na planie ziemskim. Ludzie obawiają się, że gdy zakochają się w „niewłaściwej" osobie, mogą przegapić swoją prawdziwą miłość. To jednakże również nie jest przypadkowe.

Wizualizacja spotkania z bratnią duszą w świecie duchowym jest jednym z najradośniejszych momentów w trakcie sesji LBL. Praktykant terapii LBL powinien jednak przygotować się wcześniej na sytuacje, gdy klient dramatycznym głosem oświadcza: „Moja bratnia dusza nie jest obecna w teraźniejszym życiu".

Prawdopodobnie takie właśnie było założenie lub też osoba ta była wcześniejszą, utraconą miłością. W takiej sytuacji zrozumienie i akceptacja ze strony klienta przy jego pierwszej reakcji na ten fakt jest czymś stosunkowo rzadkim.

Najczęściej stwierdza, że został oszukany, co jest spowodowane negatywnym wpływem świadomego umysłu. Pomimo pozostawania w stanie nadświadomości, osobę w transie nagle ogarnia świadomość utraty wsparcia. Tacy klienci uważają, że brak satysfakcji w życiu spowodowany jest nieobecnością bratniej duszy. Naturalnie, jeśli przez wiele poprzednich wcieleń te bratnie dusze inkarnowały i spotykały się razem na planie fizycznym, poczucie straty będzie tym bardziej intensywne. Wspomnienia te są najmocniejsze w sytuacji, gdy w trakcie sesji klient przypomniał sobie swoje poprzednie życie, w którym żył w towarzystwie bratniej duszy.

Każda dusza posiada pełną wolność wyboru, gdyż bez spełnienia tego podstawowego warunku, nasze lekcje karmiczne nie miałyby żadnego znaczenia. W trakcie sesji LBL, gdy klient spotyka bratnią duszę, z którą niestety nie ma związku w obecnym życiu, staram się zwrócić jego uwagę na fakt, że taka sytuacja ma miejsce w celu przerobienia pewnych lekcji, które zostały z góry zaplanowane. Proszę klienta, aby sam dociekał przyczyny tego stanu, ponieważ uważam, że samopoznanie jest najlepszym nauczycielem. Gdy powoli odnajduje on znaczenie obecnych wydarzeń, należy cierpliwie słuchać i nie narzucać mu własnych interpretacji. Delikatnie tylko komentuję, że wolna wola ma swoją cenę, którą jest prawo do popełniania błędów – ale to właśnie w ten sposób pobieramy nauki.

Gdy ktoś pyta mnie na publicznym forum dlaczego nie odnalazł swojej bratniej duszy w tym życiu, odpowiadam, że mogło tak się stać, ale z jakichś powodów relacja nie została nawiązana. Prawdopodobnie w obecnym wcieleniu bratnia dusza nie miała przebywać w otoczeniu pytającego. Aby zilustrować tę kwestię, podam przykład Catherine, która pojawiła się u mnie z pytaniem: „Dlaczego nie mogę odnaleźć swojej prawdziwej miłości?"

Catherine prowadzi dość trudne życie i ma problemy w nawiązywaniu bliskich relacji. Otrzymała emocjonalnie zdystansowanych do niej rodziców, miała już dwóch mężów, z którymi nie nawiązała bliskiej relacji, a także przewinęło się przez jej życie wielu mężczyzn, którzy z różnych powodów nie byli dla niej dobrymi partnerami. Obecnie mieszka z mężczyzną, który stara się otaczać ją opieką, a jednocześnie jest jej partnerem w interesach. Dbają o siebie, ale nie kochają się. W trakcie sesji okazało się, że jest on jedną z dusz towarzyszących z grupy Catherine, ale nie jest to bratnia dusza. Oboje uzgodnili wcześniej, że około w połowie życia spotkają się, aby razem żyć i pracować.

W poprzednim życiu Catherine miała bardzo udane małżeństwo ze swoją bratnią duszą od 1874 do 1927 r. w Savannah. Nie rozstawali się praktycznie przez pięćdziesiąt lat i umarli w tym samym roku. Pędzili spokojne, piękne i dostatnie życie, bez nadmiaru zewnętrznych wyzwań. Po spędzonych oddzielenie dwóch wcześniejszych, bardzo trudnych wcieleniach oboje poprosili o łatwe życie i takie też otrzymali. Kiedy Catherine odkryła, ze po tysiącach lat spędzonych nader często w towarzystwie swojej bratniej duszy (nie zawsze jako małżonka) stali się zbyt uzależnieni od siebie i niedostępni dla innych osób, mogła w końcu spojrzeć na swoje obecne życie z nowej perspektywy. Aby sprostać stawianym wyzwaniom i awansować w duchowej hierarchii, zaistniała potrzeba, aby częściej przebywali w oddzieleniu od siebie.

Sądzę, że w trakcie pracy z klientem, który cierpi z powodu rozłąki z bratnią duszą, terapeuta LBL powinien wyjaśnić mu, że nie ma żadnych przeciwwskazań, aby mieć owocne relacje z innymi duszami. Odkryłem, że istnieją bardzo bliskie, wręcz miłosne relacje pomiędzy duszami towarzyszącymi z tej samej grupy, a nawet pomiędzy duszami stowarzyszonymi z dwóch grup drugorzędnych. Osoby takie współpracują na rzecz założonego karmicznego celu, który jest korzystny dla nich obojga. Kiedy klient odkrywa, że te życiowe aranżacje zostały wcześniej zaplanowane, łatwiej mu znieść trudy szukania tej „jedynej, właściwej osoby".

Gdy spotykam klienta, który stwierdza, iż żyje z niewłaściwą osobą, lub że spędził wiele lat z bardzo trudnym, czy wręcz grubiańskim człowiekiem, zadaję mu następujące pytanie: „Co nauczyłeś się od tej osoby, czego nie poznałbyś w przypadku, gdyście się nigdy nie spotkali?"

Dociekam w ten sposób, czy dzięki temu klient stał się silniejszy i mądrzejszy. Przebywamy na co dzień z wieloma osobami, które mogą nas wiele nauczyć i vice versa. Ilość lekcji jest niezmierzona i obejmuje takie kwestie jak: zazdrość, chciwość, arogancja, nietolerancja, brak współczucia. Karma opiera się na reakcjach z wielu wcieleń, a nie tylko z jednego. W celu zaliczenia naszych lekcji, bratnia dusza może przyjąć postać naszego krewnego lub najlepszego przyjaciela, a czasami okazuje się, że związek miłosny z bratnią duszą trwał jedynie krótką chwilę, aby nauczyć się określonej rzeczy, a następnie został przerwany. Miejmy nadzieję, że po tym fragmencie sesji wasi klienci bardziej docenią przyczyny tego, co doświadczyli. Pod koniec sesji większość klientów przekonuje się, że życie nie jest bezładnym zlepkiem przypadkowych zdarzeń.

Wewnętrzny krąg
i nieobecność dusz towarzyszących

Terapeuta LBL powinien zdawać sobie sprawę z relacji, jakie klient nawiązuje z napotkanymi osobami. W trakcie regresji duchowej klient może poznać głębsze znaczenie, jakie ma obecność w jego życiu określonych dusz towarzyszących, które wywierają na niego tak pozytywne jak i negatywne wpływy. W trakcie procesu identyfikacji członków skupiska, można natknąć się na „wewnętrzny krąg", do którego należą bliskie dusze towarzyszące, inkarnujące często jako małżonkowie, rodzeństwo, czy najlepsi przyjaciele, a czasami jako wujowie, ciotki, kuzyni. Zdarza się, że są to rodzice, ale niezmiernie rzadko, gdyż ci pochodzą zazwyczaj z grup drugorzędnych, jako dusze stowarzyszone. Wewnętrzny krąg składa się z trzech do pięciu dusz, które niezmiennie przyjmują ważne dla siebie nawzajem życiowe role.

Czasami potencjalny klient może poprosić o następujące po sobie dwie sesje: jego własną oraz drugą – partnera, kogoś z rodzeństwa czy też najlepszych przyjaciół. Gdy dwoje dobrze znających się osób pragnie porównać swoje sesje LBL, szczegółowe notatki są w takim przypadku nieodzowne. Co prawda mają oni swoje kasety z sesji, ale w notatkach znajdą się również rzeczy, których na nich nie będzie. Natomiast informacje z pierwszej sesji pomogą w zadawaniu odpowiednich pytań w trakcie drugiej sesji, z przyjacielem, partnerem lub rodzeństwem klienta. Wszystkie notatki są oczywiście poufne i do wyłącznego użytku terapeuty.

Bez względu na czas, jaki upłynął pomiędzy jedną a drugą sesją, zdarzają się przypadki, gdy pierwsza osoba z pary kolejno hipnotyzowanych klientów zobaczy drugą w wewnętrznym kręgu, natomiast ta nie dostrzeże tej pierwszej w swoim kręgu w czasie sesji. Może to być dla niej przygnębiające doświadczenie, a już szczególnie w przypadku szczęśliwego małżeństwa. Jeżeli na przykład Joanna widzi swojego męża Jana w swojej grupie, a Jan nie dostrzega Joanny w swojej grupie w trakcie własnej sesji, czy mogłoby to podważyć wizualizacje Joanny? Moja odpowiedź brzmi: „Nie". Argument, że dusza Jana jest ważniejsza w życiu Joanny niż odwrotnie, jest nieprawdziwy w większości przypadków.

Wierzę, że istnieją trzy powody wystąpienia różnic w wizualizacjach spokrewnionych ze sobą klientów, którzy przynależą do tej samej grupy w świecie dusz.

A. Czas przybycia do grupy po zakończeniu poprzedniego życia różni się w przypadku tych dwu dusz.

Na przykład Jan może odpowiedzieć na przyciskające do muru pytanie terapeuty, że Joanna jest nieobecna, ponieważ jest zajęta wykonywaniem jakichś czynności, ale że on dobrze wyczuwa jej obecność.

B. Jedna z dusz nie ukazuje się tej drugiej od razu (przy powitaniu) z powodu trudnych kwestii karmicznych, które wynikły w ich poprzednim wspólnym życiu.

Nazywam to „syndromem kucania", który objawia się tym, iż jedna z dusz chowa się za jednym z członków grupy w trakcie powitania, czekając na stosowniejszą chwilę. Przykład czterdziesty siódmy w rozdziale siódmym książki „Przeznaczenie dusz" opisuje ponowne spotkanie z duszą, która zraniła mojego klienta. W tym przypadku chodzi o trudną relację pomiędzy ojcem a synem. Należy oczywiście pamiętać, że fakt ponownej inkarnacji rodzica na długo przed przybyciem jej dziecka do świata dusz jest nieistotny, gdyż część naszej energii zawsze tam pozostaje. Różnice pokoleniowe nie mają wpływu na ponowne spotkania w świecie duchowym, dzięki możliwości rozdzielenia przez duszę swojej energii.

Różnice w wizualizacji pomiędzy tymi dwoma bliskimi sobie osobami mogą wynikać z natury tej cząstki energii, która pozostała w świecie dusz.

Energia duszy

Podział energii duszy na część inkarnującą i część pozostają-
cą w przestrzeni duchowej jest istotny w kontekście pracy z tymi
klientami, którzy mając ścisły związek z określonymi osobami
na Ziemi, chciałyby zobaczyć je również w świecie dusz. W oma-
wianym wcześniej przykładzie Joanny i Jana, istnieje możliwość,
że Jan nie dostrzega Joanny w swojej grupie, ponieważ jej cząstka pozostająca w świecie duchowym emanuje zbyt słabe światło.
Jeżeli klient nie widzi w trakcie powitania jednej z dusz towarzyszących, może to wynikać z „przyćmionego stanu uśpienia",
którym to terminem klienci opisują niski procent słabo aktywnej
energii duszy. W przypadku, gdy ze względu na trudną inkarnację dusza zabiera ze sobą dużą część energii, powiedzmy 80%,
pozostała jej część emanuje nikłe światło. Stan ten (którego nie
należy mylić ze słabym światłem młodych dusz) jest szczególnie
spotykany wtedy, gdy prowadzi ona dwa równoległe wcielenia,
w dwóch różnych ciałach, w tej samej linii czasowej. Przewodnicy nie polecają takiego rozwiązania przeciętnym duszom, gdyż
pomimo przyspieszonego toku nauczania, powoduje ono ogromny drenaż energii.

Miałem również klientów, którzy choć nie prowadzili dwóch
równoległych inkarnacji, mimo to odczuwali w tym życiu brak
energii życiowej, nie znając przyczyny tego stanu. Było to, jak się
w trakcie sesji okazywało, spowodowane ich nadmiernym opty-
mizmem, co do zdolności poradzenia sobie z tym życiem, przez
co zabierali ze sobą nie więcej niż 30% energii duszy. Kierowali
się w takim wypadku pragnieniem lepszego skoncentrowania się
na swojej pracy w świecie dusz, gdzie pozostała ich część ener-

146

gii emanowała w związku z tym jaśniejsze światło. Decyzja taka może mieć jednak poważne konsekwencje w odniesieniu do własnej efektywności w pracy na planie fizycznym. Dusza zabiera przeciętnie 50-70% energii na potrzeby ziemskiej inkarnacji, który to poziom ulega zmianie w zależności od stopnia trudności danego życia lub zaawansowania duszy. A co zdarzyłoby się, gdyby dusza zapragnęła wziąć ze sobą dużą porcję energii? Jeden z klientów odpowiedział na to pytanie w następujący sposób: „Zbyt wiele energii, czyli ponad 90%, przeciążyłoby umysł. uniemożliwiając jego normalną pracę. Natomiast 100% przepaliłoby styki".

Wydaje się, że kiedy klamka zapada i dusza zabiera ze sobą określoną porcję energii do nowego wcielenia, nie jest w stanie w trakcie życia fizycznego pozyskać dodatkowych zasobów z części pozostawionej w świecie dusz, bez względu na to jak bardzo może ich potrzebować. Sądzę, że mózg ludzki nie jest w stanie wytrzymać nieprzerwanego strumienia nowej energii, której stały ładunek mógłby spowodować wiele problemów. Wyjątek stanowi głęboka modlitwa i medytacja w czasie poważnego kryzysu, gdy na krótko możemy podłączyć się do reszty naszej energii pozostałej w świecie dusz. Kiedy w stanie nadświadomości terapeuta LBL pomaga klientowi połączyć całą swoją energię, reakcja w ciele wygląda tak, jakby następowała transfuzja nowego ładunku energetycznego. Jednakże, jak mi powiedziano, w trakcie przybywania w ludzkim ciele dusza nie może normalnie korzystać z zasobów pozostawionych w świecie duchowym. Pomiędzy wcieleniami dokonujemy wyborów, które są dla nas wiążące jak kontrakt biznesowy. O możliwych skutkach połączenia z duchową energią powiedział mi Evan, dusza z poziomu piątego:

Związek pomiędzy moim mózgiem i energią mojej duszy jest wprost proporcjonalny i powstał jeszcze w łonie matki. To prawda, że tymczasowo mogę skorzystać z energii, którą pozostawiłem w świecie duchowym, w przypadku ubytku moich ziemskich zasobów w momentach kryzysu. Mogę również działać z drugiej strony i wysyłać część energii ze świata dusz do mojego ciała. Rewitalizacja ta odbywa się przeważnie we śnie, w uśpieniu lub przy utracie świadomości. Jednak napływająca energia nie może powodować trwałego wzrostu potencjału energetycznego w moim ciele, gdyż może to niekorzystnie wpłynąć na fale mózgowe. W najlepszym wypadku skończyłoby się to zakłóceniem osobowości, a w najgorszym – szaleństwem.

Z reguły zadaję moim klientom pytania o zabraną ze sobą energię duchową, aby poznać tę subtelną relację pomiędzy poziomem energii duszy a mózgiem:

1. Jaki procent całości zasobów energii zabrałeś do tego ciała?

2. Czy uważasz, że poziom ten wystarczy do realizacji założonych celów?

3. Czy jesteś w stanie tymczasowo wniknąć w tę cząstkę twojej energii, którą pozostawiłeś w świecie dusz?

Terapeuta LBL ma sposobność zachęcenia klientów, którzy przechodzą kryzys emocjonalny w swoim życiu, do rozwinięcia większej świadomości o swoich wewnętrznych zasobach energetycznych.

Rozpoznanie typów charakterów w grupach dusz

Poniżej zamieszczam standardowe pytania, jakie można zadać klientom w trakcie spotkania z grupą:

1. Kto, spośród dusz które widzisz, jest obecny w twoim teraźniejszym życiu?

2. Z kim, spośród rozpoznanych dusz, najczęściej inkarnowałeś w poprzednich wcieleniach i dlaczego?

3. Zaczynając od twojej bratniej duszy, powiedz mi jakie znaczące role poszczególne dusze z twojej grupy lubią najbardziej?

4. Czy możesz przeanalizować typy charakterów twoich najbliższych przyjaciół z wewnętrznego kręgu?

5. Jaki jest twoim zdaniem ogólny poziom zaawansowania grupy? Czy wszyscy awansujecie w mniej więcej tym samym tempie?

Po zakończeniu identyfikacji dusz z grupy pierwszorzędnej, zadaję czasami pytania otwarte, typu:

6. Jakie myśli przesyła do ciebie grupa?

7. Czy występuje teraz między tobą a twoją grupą coś istotnego, o czym mógłbyś mi powiedzieć?

Jeżeli nie umożliwiłbym osobie klientowi w pełni zbadać swojej wizualizacji tej sceny, prawdopodobnie przegapiłbym jakąś zaplanowaną ceremonię powitalną lub podobne zdarzenie. Czasami klient sam sugeruje mi nowy obszar zainteresowania, mówiąc na przykład: „Myślę, że muszę się teraz udać w inne miejsce". Może to oznaczać odwiedziny Rady Starszych w celu dokonania przeglądu i oceny zakończonego życia, odwiedziny w bibliotece w celu podjęcia dalszej nauki, uczestnictwo w zajęciach klasowych lub w dowolnego typu zajęciach rekreacyjnych. W takim przypadku należy podążyć za nim i sprowadzić go z powrotem do grupy w późniejszej fazie sesji, o ile badania w grupie nie zostały zakończone.

Brak pośpiechu lub pilnej sprawy zmuszającej do opuszczenia grupy, umożliwia zadawanie dalszych pytań, jak na przykład:

8. Gdybym odwiedził waszą grupę, jakie wywarłaby ona na mnie wrażenie?

9. Jak sądzisz, dlaczego zgromadzono was razem?

10. Czy istnieje jakiś wspólny mianownik w waszej grupie, typu: umiejętności, zainteresowanie, cel? Czy wszyscy pragniecie specjalizować się w tej samej dziedzinie? (Oczywiście że nie chcą, ale może to pobudzić intrygującą odpowiedź.)

Klient w każdej chwili może powiedzieć: „Jesteśmy uzdrowicielami", „Większość z nas pragnie być nauczycielami" lub „Bardziej interesują nas przyjemności niż nauka". Odpowiedzi takie prowadzą to następnych pytań, dzięki którym można zbadać dokładniej wieczną duszę klienta i jak współpracuje ona z innymi członkami grupy. Większość grup posiada jakąś wspólną cechę lub skłonność, która ich łączy, gdyż z całą pewnością istniały powody uformowania każdej pierwszorzędnej grupy dusz w taki a nie inny sposób. W rozdziale siódmym książki „Wędrówka dusz" odnoszę się do homogenicznych aspektów członków grupy, takich jak wspólne zainteresowania lub podobny sposób odczuwania otoczenia (ang. cognitive awareness). Słyszałem, że większość dusz z jednej grupy rozwija się w tym samym tempie, ale na pewno spotkacie się z przypadkami wolniej awansujących dusz, które będą opuszczać grupę na końcu.

Każde skupisko zostało sformowane w taki sposób, aby jego członkowie reprezentowali pewną różnorodność charakterów. Dychotomię tę przedstawiam w zarysie w rozdziale dziewiątym

Wędrówki dusz, podając, że wszystkie grupy zawierają zazwyczaj mieszankę różnych typów charakterów, takich jak: odważny i wytrwały; spokojny i pasywny; wyrachowany; dowcipny i wesoły. Dzięki temu każda dusza dostaje możliwość udzielania pomocy pozostałym członkom grupy w trakcie życia fizycznego i braki jednej mogą być zbalansowane przez jej przyjaciela z grupy. Możemy na przykład spotkać partnerów będących bratnimi duszami, z których mąż jest nadmiernie analityczny i zachowawczy, a żona zbyt emocjonalna i z łatwością podejmująca ryzyko. W ten sposób cechy ciał, które posiadają w tym życiu, a także ich własne, duchowe charaktery uzupełniają się nawzajem.

Porównując cechy charakteru duszy klienta z cechami pozostałych członków grupy, terapeuta LBL pomaga mu zrozumieć to, co leży u podstaw dynamiki społecznej jego relacji z ważnymi osobami w obecnym życiu. Warto te informacje sprawdzić również w oparciu o kolor wibracji energetycznych każdego z członków grupy, aby uzyskać dalsze skontrastowanie typów dusz. Dane dotyczące kolorów, włącznie z wiedzą o intensywności światła każdej z dusz, pozwalają lepiej oszacować charakter członków grupy, obecne relacje pomiędzy nimi oraz indywidualną szybkość rozwoju każdej z tych dusz. Wszystko to stanowi terapeutyczną wartość w pracy z klientem.

W trakcie zapoznawania się z grupą pojawia się również starszy nauczyciel, a także dość często młodszy przewodnik lub nauczyciel-praktykant. Klient może rozpoznać ich natychmiast, albo też dopiero w odpowiedzi na pytanie, typu:

Czy widzisz kogoś naprzeciwko grupy?

Skupiskiem opiekuje się często młodszy przewodnik, podczas gdy starszy pozostaje zajęty swoimi sprawami, na przykład może jeszcze inkarnować, lecz mimo to pozostaje starszym nauczycielem.

Tak jak wspominałem wcześniej, zdarzają się klienci, którzy po zakończeniu życia fizycznego natychmiast przyłączą się do prowadzonych zajęć swojej grupy. Zawsze z zainteresowaniem pytam osoby w transie o rodzaje ćwiczeń klasowych, takich jak trening formowania energii, gdyż informacje te pomagają w okre-

śleniu zdolności i celów danej grupy. Zdarza się, że przyjaciele odgrywają psychodramę z wycinka życia poszczególnych członków
skupiska, które to ćwiczenie jest istotne w zrozumieniu możliwości grupy. W dalszej części tej publikacji omówię to zagadnienie
przedstawiając inne czynności świata dusz.

Wspominałem już wielokrotnie w swoich książkach, że żadna dusza nie jest w świecie duchowym poniżana w żadnym wypadku, a już na pewno nie dlatego, iż czyni zbyt wolny postęp.
Każdy ma swój wkład i udział, każdy rozwija się. Niektóre dusze
wybierają wyłącznie trudne inkarnacje, a inne wolą mieszankę ła-
twiejszych wcieleń z tymi, które wymagają wiele wysiłku. Każdy
z nas może dokonać indywidualnego wyboru. Porządek i ukierunkowanie w świecie dusz, a także pochwały za osiągnięcia, nie
oznaczają wcale, że miejsce, w które udajemy się po zakończeniu
życia fizycznego, jest zhierarchizowane, i że rządzi się sztywny-
mi zasadami, a są to raczej oznaki społeczności żyjących na Ziemi. Nie wymaga się od duszy, aby reinkarnowała w regularnych
odstępach czasu, czy też aby zawsze wiodła trudne życie. Przed
każdym z wcieleń dusza może dokonać wyboru spośród kilku
opcji i nie ma odgórnego nacisku, aby osiągnąć sukces w określonych, ziemskich ramach czasowych. Pragnienie wzrastania
i rozwoju pojawia się raczej w samej duszy.

Po zakończeniu sesji pytań związanych z grupą pierwszorzędną, można rozpocząć badanie grup drugorzędnych. Wiele oczywiście zależy od tego, na ile klient jest skłonny udzielać odpowiedzi. Kiedy moja współpraca z osobą w transie hipnotycznym
przebiega dobrze, zadaję takie pytanie:

Poznałem już twoich poszczególnych towarzyszy z grupy.
Czy istnieje jednak dusza o podobnym do twojego charakterze i poziomie rozwoju, która przebywa w którejś z sąsiadu-
jących grup?

Nawet jeżeli wiele razy nie uzyskuję satysfakcjonującej odpowiedzi na to pytanie, czasami zdarza się klient, który jest cennym
źródłem informacji w tym zakresie. Pewnego dnia w moim gabinecie pojawiła się Laura, nad którą, jak się okazało w trakcie sesji, wisiała już wcześniej groźba utraty w obecnym życiu jej dru-

giego syna, Jason'a (18 lat). Miał on zginąć wskutek utonięcia. Dusza Jason'a była ściśle związana z duszą Laury, gdyż oboje należeli do bliskich przyjaciół w tej samej grupie. Jason zgodził się żyć tylko osiemnaście lat (jeżeli takie wskazówki były uświadomione), ponieważ ten okres czasu wystarczył mu na zrealizowanie określonych zadań, a także mógł w ten sposób wypełnić lekcję karmiczną dla Laury.

W trakcie doboru życia zdecydowano, że Laura powinna w następnym życiu doświadczyć wsparcia emocjonalnego od silnej duszy, której charakter był bardzo zbliżony do jej własnego. Duszę taką wybrano z grupy drugorzędnej i została ona starszym synem Laury o imieniu Steve. W młodości walczył on nieustannie ze swoją matką, gdyż byli bardzo do siebie podobni, jednak jego głównym zadaniem było wsparcie Laury po śmierci Jasona, gdy mąż Laury opuścił rodzinę, nie wytrzymując emocjonalnie całej traumy i smutku związanych z ich życiem. Dzięki tej sesji Laura mogła w nowym świetle spojrzeć na bieg rzeczy i rolę, jaką odgrywał Steve.

Poniższe pytania mogą stanowić punkt wyjściowy w trakcie tej części sesji LBL:

1. Jaki masz związek z innymi duszami z sąsiednich grup?

2. Czy przebywasz czasami z niektórymi duszami z innej grupy?

3. Czy grupy otaczające twoje skupisko są, ogólnie rzecz ujmując, bardziej czy mniej zaawansowane niż wy?

4. Czy możesz porównać powstanie twojej grupy z innymi grupami z tego samego obszaru?

5. Czy twój przewodnik wspólnie z innymi przewodnikami podejmują działania mające na celu wspólną korzyść dla różnych grup?

Klienci na poziomach średnim i zaawansowanym

Jedną z oznak tego, iż klient awansował ponad swoją oryginalną grupę dusz, jest brak etapu identyfikacji członków własnego skupiska. Następny sygnał o wyższym poziomie zaawansowania pojawia się podczas wkraczania do świata dusz, gdy terapeuta prosi klienta o zidentyfikowanie świateł pojawiających się w oddali. W rozdziale „Pierwszy kontakt z istotami duchowymi" (Część IV) wspomniałem, że kolor biały symbolizuje młode dusze. Moi niektórzy klienci stwierdzali: „Widzę gromadę małych, migających białych świateł, czekających na mnie". Wskazuje to zwykle na zaawansowaną duszę, która najpierw pragnie zobaczyć się ze swoimi uczniami.

Światła te należą, przeważnie, do bardzo młodych dusz, które jeszcze nie zaczęły inkarnować, a wasz klient jest jednym z ich nauczycieli. Wesołe i oddane zabawie młode dusze (uważane za dusze-dzieci) pojawiają się często jako małe, tańczące, białe światełka. Są to radosne i niewinne istoty, które nie potrafią się zbyt długo koncentrować. Natomiast ich nauczyciel jest zapewne członkiem niezależnej grupy badawczej, której członkowie kształcą się na pełnoprawnych przewodników.

Natomiast zaawansowane dusze, które nie są nauczycielami, nie zobaczą oczekujących je świateł, a co za tym idzie nie wystąpi potrzeba zboczenia z obranego kursu. Takie osoby udadzą się przeważnie bezpośrednio do miejsca, gdzie będą mogły dołączyć do swoich przyjaciół z niezależnej grupy badawczej. Jeżeli klient jest dopiero na początku tego poziomu zaawansowania, powiedzmy na poziomie trzecim, może stracić nieco orientację co do położenia grupy pierwszorzędnej, gdyż nie dostrzega żadnej z dusz towarzyszących, za wyjątkiem czasami jednego lub dwóch bliskich przyjaciół.

Dusze, które są w trakcie awansu do poziomu trzeciego, mogą postrzegać jednocześnie oryginalną grupę pierwszorzędną oraz swoją nową niezależną grupę badawczą. Omówienie natury każdej z nich może pomóc klientowi i terapeucie odróżnić je od siebie. Dusze w grupach pierwszorzędnych na poziomach pierwszym i drugim składają się z istot o różnych umiejętnościach, zainteresowaniach i motywacjach w stosunku do poszczególnych czynności. Jednakże dusze na średnich i zaawansowanych poziomach pracują razem z innymi, podobnie myślącymi istotami z innych skupisk.

Specjalizacja zaczyna się na poziomie trzecim. Dusze mogą wybrać takie kierunki kształcenia jak: nauczyciel, projektant form życiowych, badacz, bibliotekarz. Na początku tego poziomu dusza może spędzać swój czas zarówno w starej grupie pierwszorzędnej, jak i w nowej grupie badawczej. Ta druga, której celem jest praca z wybranym zagadnieniem, składa się z mniejszej liczby dusz, niż grupa oryginalna. Pomimo to, dusza dopiero zaczynająca pracę na tym poziomie niekoniecznie rozpozna od razu wszystkich swoich nowych towarzyszy. Dopiero dusza, która ugruntowała swoją pozycję na poziomie czwartym, powinna natychmiast poznać wszystkie zaawansowane dusze, z którymi pracuje. Dodam jeszcze, że praktycznie każda zaawansowana dusza utrzymuje w przerwach od swoich zajęć specjalistycznych kontakt ze starymi przyjaciółmi z grupy pierwszorzędnej.

Wiele informacji dotyczących omawianego tu tematu zamieściłem w książkach „Wędrówka dusz" (rozdział dziesiąty i jedenasty) i „Przeznaczenie dusz" (rozdział ósmy). W trakcie pracy z zaawansowanymi duszami odkryłem, że na tym etapie sesji należy omówić to, czego się uczą, a dopiero później przejść do sceny z Radą Starszych. Można w ten sposób dowiedzieć się, jakie są duchowe aspiracje, ideały lub cele klienta.

Przed Radą Starszych

Po zakończeniu odwiedzin w skupisku grupy pierwszorzędnej, można zadać wiele otwartych pytań o dalszą część podróży. Czasami, w zależności od stopnia niechęci klienta w udzielaniu odpowiedzi, wystarczy pierwsze lub drugie z poniższej
listy pytań:

1. Gdzie chciałbyś, abyśmy się teraz udali?

2. Czy chciałbyś pozostać ze swoją grupą i zaangażować się
w jakieś zajęcia z twoimi przyjaciółmi?

3. Czy jesteś gotowy, aby przejść w inne miejsce i wykonać
najważniejsze czynności?

Pytanie trzecie to sugestia udania się przed oblicze Rady Starszych, przy czym czas spotkania z nią nie jest obwarowany żad-
nymi regułami. Większość dusz jest gotowa na to wydarzenie
wkrótce po przywitaniu się ze swoją grupą. Zdarzają się jednak
wyjątki od tej zasady, gdyż rozmowa z tymi zaawansowanymi
istotami może odbyć się zarówno przed jak i po: powitaniu własnej grupy, okresie odosobnienia, nauce w bibliotece, czy zajęciach klasowych. Termin spotkania wyznaczany jest na podstawie przebytego właśnie życia fizycznego i może u tej samej osoby zmieniać się po każdym wcieleniu.

Niektórzy klienci czują się nieco zdezorientowani sekwencją
wydarzeń w świecie dusz po zakończeniu życia na Ziemi. Takie
osoby mogą utknąć już przy bramie i trzeba je nieco zachęcić
do dalszej podróży. Oczywiście klient może poczuć się zagubiony
w każdym momencie sesji, jednak brama to typowe miejsce utraty

orientacji. Jeśli utknął on na przykład tuż po wizycie w swojej grupie pierwszorzędnej, mówię:

Czy chciałbyś powiedzieć mi o czymś, co jest dla ciebie niejasne?

Jeżeli po dłuższej przerwie brak satysfakcjonującej odpowiedzi, zadaję precyzyjniejsze pytanie:

Czy sądzisz, iż nadszedł czas, abyśmy przenieśli się do obszaru, gdzie będziesz miał zaszczyt stanąć przed grupą mędrców, którzy czekają, aby udzielić ci pomocy?

Większość zagubionych klientów skinie w tym momencie głową i powie „tak". Zdaję sobie sprawę, że zadanie tego pytania wygląda na inwazyjne prowadzenie klienta. Jednak lata doświadczeń mówią mi, iż niektórzy wymagają odpowiedniej zachęty w niektórych chwilach sesji. Wierzę, że dla osób w hipnozie takie zachęcające pytania czy stwierdzenia są jedynie potwierdzeniem ich własnej wiedzy i możliwości przedstawienia doświadczeń duchowych. Wspomniałem już wcześniej, że delikatne ukierunkowanie w odpowiednim czasie utwierdza ludzi w przekonaniu, że ich terapeuta jest osobą kompetentną.

Na moją zachętę klient może odpowiedzieć: „Nie, nie jestem gotowy na spotkanie z Radą Starszych" lub „Nie widzę, abym przemieszczał się w kierunku Rady Starszych". Taki opór może wynikać z kilku przyczyn, lecz przeważnie jest on spowodowany poważnymi problemami karmicznymi w przebytym życiu. Terapeuta LBL powinien jednakże ograniczyć się do zachęcania klienta, a w żadnym wypadku nie wolno mu naciskać go do wykonania jakichkolwiek czynności. Innym powodem niechęci może być fakt, że nie wypełnił on jeszcze w obecnym życiu wszystkich ustaleń z ostatniego spotkania z Radą po poprzednim życiu.

Ponieważ czas w świecie duchowym zawsze oznacza tu i teraz, osoba w transie hipnotycznym może dokonać osądu swojego bieżącego życia i zniechęcić się do kolejnego pojawienia się przed Radą. Nie zdarza się to jednak zbyt często. Z wszystkich moich klientów, którzy nie czuli potrzeby udania się przed oblicze Rady Starszych, jedynie kilku opierało się przez dłuższy czas. Dusze są niezmiernie mocno przyciągane do tego spotkania, gdyż korzyści wynikające z niego są nie do przecenienia. Przeważnie klient odmawia dalszej eksploracji świata dusz, dopóki nie stanie przed swoją Radą.

Wydaje się, że wszystkie dusze odwiedzają członków swojej Rady co najmniej raz pomiędzy kolejnymi wcieleniami, a spotkanie to odbywa się wkrótce po zakończeniu inkarnacji. To pierwsze spotkanie ma z pewnością najpoważniejszy wpływ na duszę, gdyż zawiera element oceny jej postępów. Zdarzają się jednak klienci, którzy odwiedzają Radę ponownie tuż przed lub tuż po procesie doboru kolejnego ciała, kiedy szykują się do następnego życia fizycznego.

Uważam, że nie istnieje żadna szczególna przyczyna jednokrotnego czy dwukrotnego spotkania z Radą pomiędzy wcieleniami. Druga wizyta może być spowodowana szczególnie trudnym poprzednim życiem, choć podejrzewam, że to raczej założone na następne życie poważne wydarzenia lub złożoność reakcji karmicznych wpływają na podjęcie przez Radę decyzji o ponownym spotkaniu z daną duszą. Całkiem możliwe, że wezwana powtórnie dusza ma długą historię popełniania tych samych błędów, dlatego przed ponownymi narodzinami konieczne jest dodatkowe wzmocnienie. Należy wziąć również pod uwagę poziom zaawansowania duszy, ponieważ młodsze dusze w naturalny sposób wymagają więcej uwagi i wsparcia ze strony Rady i swoich przewodników.

Większość osób żywi głębokie uczucia do członków swojej Rady. Wielu nazywa ich Starszymi, a inni – Mądrymi, Świętym Komitetem, Planistami, itd. Zwykle zaczynam tę część sesji pytaniem:

1. Jak chciałbyś, abym nazywał te istoty?

Kiedy klient potwierdza swoją gotowość udania się na spotkanie, pytam:

2. Udajesz się sam, czy w towarzystwie?

Większość klientów – a szczególnie dusze z poziomów pierwszego i drugiego – odpowiada, że udają się w towarzystwie swojego przewodnika. Zwracam się do nich z następującą prośbą:

3. Proszę opisz trasę, jaką udajesz się na spotkanie, to co widzisz i robisz po drodze, oraz co dzieje się, gdy docierasz na miejsce.

Dla osoby w stanie hipnozy podróż nigdy nie wydaje się zbyt długa, tak więc klienci sądzą, że Rada nie znajduje się zbyt daleko od ich skupiska. W szóstym rozdziale książki „Przeznaczenia dusz" zatytułowanym „Rada Starszych" przedstawiłem moje odkrycia związane z typową scenerią i sposobem, w jaki Rada objawia się przed duszą (Ilustracja 6 reprodukowana w Załączniku).

Klienci opisują często miejsce spotkania z Radą jako budowlę przykrytą kopułą. Sądzę, że jest to symboliczna reprezentacja ziemskiej kaplicy, świątyni, albo nawet budynku sądu, choć w żaden sposób dusze nie czują się jak na sądzie. Należy o tym pamiętać, ponieważ osoby w transie hipnotycznym nierzadko opisują swoje wizje duchowych budowli, porównując je do tych, które znają z Ziemi. Jednakże w ich umyśle miejsce spotkania z Radą symbolizuje po prostu świętą przestrzeń, przepełnioną szacunkiem. Gdy piszę, iż osoby nadal inkarnujące czują się bliżej Boga (lub Źródła) stojąc przed Radą, nie staram się wywrzeć na czytelnikach żadnego szczególnego wrażenia.

Uważam, z teoretycznego punktu widzenia, że nie przez przypadek praktycznie wszyscy klienci opisują miejsce spotkania z Radą jako duże, sferyczne pomieszczenie, ponieważ nieprzerwany, okrągły kształt służy do wytworzenia skoncentrowanego pola energetycznego wyższej myśli, z którego żadna część energii nie zostaje uwolniona na zewnątrz. Czysta i skoncentrowana energia, która płynie od Starszych, jest dla wciąż inkarnującej duszy potężną inspiracją i źródłem oświecenia. Podejrzewam, że pierścieniowy kształt obszaru doboru życia posiada podobne funkcje energetyczne, z tym że wykorzystywane do skoncentrowania na duszy obrazów linii czasowych.

Przewodnik pojawia się obok duszy (przeważnie nieco cofnięty do tyłu), gdy tylko wkracza ona do komnaty Rady Starszych. Zdarza się, że zaawansowane dusze wchodzą same, gdyż ich przewodnik już jest na miejscu spotkania. Członek Rady (Starszy) jest dla dusz osobą o jeden lub dwa stopnie wyżej niż ich starszy przewodnik. Klienci zawsze wypowiadają się z dużym szacunkiem o tych mądrych istotach, a czasami wyczuwa się nieco podniecenia w ich głosie, gdy opisują podróż na miejsce spotkania. Niektórzy ekscytująco opowiadają o czekającym ich spotkaniu, a inni zbliżają się do Rady spokojnie i z powagą.

Gdy klient znajdzie się już w komnacie, zadaję następujące pytanie:

4. Ile dostrzegasz istot, które czekają na ciebie?

Przeważnie w odpowiedzi słyszą liczbę od trzy do dziesięć, przy czym najczęściej jest to pięć do siedem. Zdarza się, że klient dostrzega powyżej dziesięciu Starszych, choć faktycznie należy to do rzadkości. Ta większa liczba Starszych może oznaczać wyższy poziom zaawansowania duszy, jednak należy bardzo ostrożnie podchodzić do takiej odpowiedzi.

Czasami klient może po prostu pomylić się, a niekiedy większa liczba Starszych może wynikać z faktu, iż rozmawiają oni jeszcze o sprawie niekoniecznie dotyczącej obecnej już przed nimi duszy (może o poprzedniej duszy?). Oczywiście nie można zbyt pochopnie podważać odpowiedzi klienta, ale z mojego doświadczenia wynika, że warto powtórzyć pytanie czwarte, gdy podszedł on już bliżej w stronę Starszych. Okazuje się wtedy, że niektórzy z nich właśnie wychodzą, a jeżeli jednak wszyscy pozostają, to tylko część Starszych bierze udział w interakcji ze stojącą przed nimi duszą.

Gdy klient stoi już na swoim miejscu, zadają kolejne pytania dotyczące Rady. Oczywiście nie zawsze kolejność pytań jest taka sama, a wiele zmian zależy od objawiających się na bieżąco nowych okoliczności każdego z poszczególnych spotkań z Radą.

5. Proszę opisz jak się teraz czujesz?

Tego typu pytanie można zadawać częściej w trakcie tej części sesji.

6. Czy twój przewodnik jest obecny w komnacie? Jeśli tak, to gdzie znajduje się w stosunku do twojego miejsca?

Większość przewodników stoi nieco z tyłu, po lewej lub prawej stronie od duszy. W przypadku zaawansowanych dusz przewodnik może stać w pobliżu Rady lub zasiąść razem ze Starszymi.

7. Jakbyś określił swoje położenie w stosunku do Rady?

Większość dusz przesuwa się tak, aby zająć pozycję tuż przed Starszymi.

8. Zamierzasz stać czy usiąść?

Praktycznie zawsze dusze stoją przed Radą.

9. Sprawdźmy ponownie ile istot oczekuje na ciebie. Policzmy ich od lewej do prawej.

10. Czy oni siedzą czy stoją?

11. Jeżeli siedzą, proszę opisz czy przed nimi znajdują się jakiekolwiek meble?

Większość klientów postrzega Starszych siedzących za długim, półokrągłym lub prostokątnym stołem.

12. Czy Starsi znajdują się na podwyższeniu, czy też na poziomie twoich oczu, tuż przed tobą?

W większości przypadków Starsi są na tym samym poziomie co dusza. Pytam o takie szczegóły, aby przyzwyczaić klienta do precyzyjnej obserwacji i przekazywania mi krok po kroku informacji o wszystkim, co dzieje się w świecie dusz. To i tak jest dopiero rozgrzewka tym bardzo istotnym spotkaniem, a moje pytania będą jeszcze dokładniejsze.

13. Przyjrzyj się uważniej, czy możesz rozpoznać jakieś cechy tożsamości płciowej u Starszych? Czy jesteś w stanie policzyć ilu z nich ma cechy męskie a ilu żeńskie? A może wszyscy mają cechy obojnacze?

Większość klientów dostrzega wśród Rady jedynie starszych mężczyzn, co jest kulturowym stereotypem reprezentującym mądrość. Zaawansowane dusze mówią już o istotach pozbawionych tożsamości płciowej, które objawiają się jako wydłużone i pół-przejrzyste formy świetlne.

14. Opisz proszę ubiór każdego ze Starszych.

Jeżeli Starsi objawiają się pod postacią ludzką, są przeważnie odziani w szaty, a po otrzymaniu odpowiedzi pytam również o znaczenie ich kolorów. Czasami wszyscy z nich ubrani są na biało (czystość myśli) lub purpurowo (mądrość), ale niekiedy noszą szaty w określonym kolorze, który charakteryzuje ich specjalizację, czy talent. Na przykład zielony wskazuje na Starszego będącego uzdrowicielem. Znaczenie danego koloru może również odnosić się do charakteru duszy lub nawet braku jakiejś cechy, którą dusza powinna rozwinąć w celu dokonania dalszego postępu.

15. Czy masz poczucie, że jeden ze Starszych będzie służył jako przewodniczący, moderator czy też prowadzący tego spotkania?

Każdy mógłby być równoprawnym uczestnikiem, ale normalnie jeden z członków Rady jest prowadzącym spotkanie. Jeżeli klient potwierdza, że jest taka osoba, pytam o jej miejsce w stosunku do pozostałych. Prawie zawsze odpowiedź brzmi: „Po środku". W większości przypadków prowadzący rozmawia z duszą sam, a jeden czy dwóch Starszych mogą przedstawić czasami swoją opinię. Niezmiernie rzadko każdy z członków panelu zwraca się bezpośrednio do stojącej przed nimi duszy, chyba że w skład Rady wchodzi mniej niż czterech członków. W przypadku gdy klient oznajmia, że prowadzący emanuje mocniejszym i jaśniejszym światłem, pytam: „Czy mocniejsze i jaśniejsze światło oznacza, że ten Starszy jest potężniejszy niż pozostali?". W odpowiedzi słyszę: „Nie, taka sytuacja ma miejsce po to, abym zwracał większą uwagę na komunikację z tą osobą".

16. Czy któryś ze Starszych ma na sobie jakiś rodzaj odznaki lub emblemat, który możesz zidentyfikować?

Wielu klientów dostrzega na jednym lub dwóch członkach Rady zawieszone na ich szyi medaliony lub pierścienie z kamieniami szlachetnymi, których kolory wskazują na określone koncepcje związane z duszą (w rozdziale szóstym książki „Przeznaczenie dusz" omawiam znaki i symbole występujące w świecie dusz). W przypadku gdy medalion lub ozdobę nosi tylko jeden członek panelu, jest on zazwyczaj prowadzącym.

17. Chciałbym cię prosić o opisanie znaku, który znajduje się na tym medalionie, a także o podanie znaczenia tego, co widzisz.

Niektórzy klienci wymigują się od odpowiedzi, twierdząc, że nie dostrzegają żadnych linii czy wzorów na emblemacie. Zawsze staram się wtedy wyjaśnić, że członkowie Rady nie noszą tych ozdób z próżności, czy też dla wykazania swojego autorytetu i władzy nad duszą. Symbole te są dobierane dla każdej duszy indywidualnie i wskazują na jej osobistą moc, potencjał lub cele karmiczne.

Proszę moich klientów, aby przyjrzeli się bliżej medalionowi (zazwyczaj występuje on jako okrągły kawałek metalu) i opisali, czy jest on złoty, srebrny lub brązowy, czy ma wielkość śliwki, pomarańczy czy grejpfruta. Następnie ponownie proszę o opisanie znaku umieszczonego na medalionie i rozszyfrowanie jego znaczenia.

Do innych, dodatkowych pytań, które można zadać na tym etapie sesji, należą:

18. Czy liczba członków i skład osobowy Rady zmienia się w twoim przypadku po każdym wcieleniu?

19. Czy od twojej ostatniej tu wizyty zmieniło się coś w otoczeniu?

20. Jak wyczuwasz, czy Rada będzie dla ciebie pobłażliwa tym razem, czy też osoby te będą bardzo surowe?

To ostatnie pytanie o nastawienie Starszych jest skonstruowane tak, aby uzyskać pełniejszą odpowiedź, korzystając z oburzenia klienta. Nigdy nie spotkałem się z irytującym lub szorstkim traktowaniem ze strony Starszych. Od czasu do czasu spotykam klienta, któremu Starsi na początku zadają pytania w bardzo poważny sposób, nigdy jednak nie przyjmują nastroju autokratycznego, ani też nie są surowi. Członkowie Rady mogą stawiać wyzwania, ale nigdy nie argumentują, ani nie ferują wyroków. Moje osobiste wrażenie po wielu latach doświadczeń jest takie, że Starsi pragną raczej pomagać duszy w atmosferze miłości, współczucia i zrozumienia. Sądzę, że klient (negując moje podejście w pytaniu dwudziestym) może powiedzieć więcej, niż usłyszałbym przy inaczej postawionym pytaniu.

Kiedy wiem, że spotkanie może rozpocząć się, zadaję następujące pytanie:

21. Jaką rzecz słyszysz w swoim umyśle na początku i który spośród Starszych zwraca się do ciebie jako pierwszy?

Wszystko zaczyna się zwykle powitaniem, a po nim rozmowa prowadzona jest w dość spokojnym tempie, jak poniżej:

Starszy: – A więc widzimy się ponownie, witaj!

Dusza: – Cieszę się, że jestem już z powrotem.

Starszy: – Dobrze, powiedz co sądzisz o swoim ostatnim życiu?

Dusza: – Myślę, że było w porządku, choć mogłem zdziałać więcej.

Starszy: – Co według ciebie mogłeś zrobić jeszcze dla siebie i innych?

W jednym z przykładów zamieszczonych w Wędrówce dusz jest taki fragment, o którym zawsze staram się pamiętać, gdy mój klient stoi właśnie przed Radą:

Starsi wiedzą wszystko o moim życiu, ale nie są tak kategoryczni, jak można by się tego spodziewać, a mój wkład w ocenę mojej motywacji i determinacji jest dla nich istotny.

Następny przykład obrazuje sposób, w jaki Rada przeprowadza ocenę poczynań duszy:

Na początku Starsi witają się ze mną i proszą, abym podzielił się z nimi własną opinią na temat moich postępów. Przewodnik pomaga mi mentalnie, ale nie bierze w tym udziału. Starsi oceniają moje działania z ostatniego wcie-

lenia i porównują je z podobnymi zdarzeniami z wcze-
śniejszych inkarnacji. Wydaje się, że oceniają sposób,
w jaki moje ciała pomagały lub przeszkadzały mi w pracy
i prawdopodobnie zastanawiają się nad moim następnym
ciałem. Pytają mnie o motywacje i cele, a także czy jestem
szczęśliwy. Nic nie może się przed nimi ukryć, więc idziemy
na kompromis, gdyż Rada dobrze zna jasne i ciemne strony
mojego charakteru. Wspierają mnie jednak i proszą, abym
nie był dla siebie zbyt wymagający.

W trakcie rozmowy duszy ze Starszymi terapeuta ma niezwykłą sposobność zadania wielu istotnych pytań. Poniżej przedstawiam moją własną listę, która może stanowić inspirację dla waszych indywidualnych dociekań:

22. Czy poszczególni Starsi są w twoim panelu z określonego powodu?

23. Czy któryś z członków panelu specjalizuje się w dziedzinie, która ma związek z twoimi zainteresowaniami lub doświadczeniem?

24. Co Starsi mówią o twoim postępie, czego nie dowiedziałeś się wcześniej od przewodnika?

25. Czy w trakcie rozmowy przewodnik ma jakiś wkład w omówienie twojego postępu?

26. Co sądzisz o ogólnym nastawieniu Starszych do sposobu, w jaki prowadziłeś swoje ostatnie życie?

27. Czy członkowie Rady komentują twój obecny poziom zaawansowania w porównaniu do poprzednich wcieleń?

28. Czy w związku z oceną twojego postępu ktokolwiek z Rady przedstawia swoją konstruktywną krytykę twojego postępowania lub wspiera cię w jakiś szczególny sposób?

29. Czy to, co usłyszałeś tym razem od Rady, różni się od twoich wcześniejszych rozmów z Radą po poprzednich wcieleniach?

30. Jakie są twoje ogólne odczucia odnośnie siebie pod koniec spotkania?

31. Czy przed wyjściem z komnaty chciałbyś powiedzieć coś jeszcze do prowadzącego spotkanie? Jakie otrzymałeś posłanie, które może być istotne w twoim obecnym życiu?

Tę część sesji zawsze kończę zadając pytanie trzydzieści jeden, ponieważ w nieograniczonej atmosferze duchowej tej wizualizacji można dowiedzieć się tak wiele o obecnym życiu klienta.

W trakcie powrotnej podróży do skupiska z klientem rozmawia się szczególnie dobrze. Jest wtedy w refleksyjnym nastroju i zastanawia się nad właśnie zakończonymi wydarzeniami. Wydaje się dziwnym fakt, że przewodnicy nie towarzyszą duszom w tej części podróży, a klienci nie wiedzą, dlaczego tak jest. Podejrzewam jednak, że zajęci są sprawami związanymi z tym ważnym spotkaniem. Pytam czasami klienta w trakcie powrotu do grupy, czy jeszcze ktoś z jego bliskich towarzyszy udaje się przed oblicze tej samej Rady, ale z natury rzeczy dusze towarzyszące stają przed różnym składem tego ciała. Myślę, że jest to związane z różnicami w charakterze, uzdolnieniach, czy motywacjach dusz, szczególnie tych na niższych poziomach rozwoju. Chciałbym jeszcze wspomnieć, iż dusze raczej nie omawiają spotkania z Radą ze swoimi przyjaciółmi. Jest to dla każdej z nich sprawa ściśle prywatna i byłoby to naruszeniem poufnej relacji pomiędzy duszą i jej Radą.

Możliwości terapeutyczne w czasie spotkań z Radą Starszych

W trakcie obecności klienta w komnacie Rady można zadać następujące pytanie:

Czy sądzisz, że w tym pomieszczeniu znajduje się jeszcze jakiś byt, będący na wyższym poziomie niż Starsi?

Niektórzy z moich klientów opisywali Obecność, którą uważali za najwyższe, podobne Bogu Źródło, które nadzoruje prace Rady. Osoby tego doświadczające są głęboko poruszone. W rozdziale szóstym książki „Przeznaczenie dusz" zawarłem przykłady sesji, w których jest mowa o Obecności.

Rozmowa prowadzona przez te mądre istoty, które prawdopodobnie są odpowiedzialne za umieszczenie duszy na Ziemi, jest jednym z najbardziej znaczących momentów w całej sesji. Korzyści psychologiczne tego zdarzenia są ogromne, gdyż z jednej strony klient występuje jako obserwator, korzystając ze swojego obecnego, fizycznego umysłu, a z drugiej jest aktywnym uczestnikiem tego spotkania poprzez swój wieczny umysł duchowy. Podobne możliwości do wnikliwej analizy tematu występują później, w trakcie doboru życia, gdy klient wybiera swoje następne ciało, choć mają nieco inne oddziaływanie.

Choć indywidualne prowadzenie i pomoc ze strony przewodnika są istotne dla dobra duszy, wierzę, że nawet jedno spotkanie z Radą Starszych o wiele przewyższa rozmowy z okresu przygotowawczego, gdyż mają oni szerszą wizję w zakresie duchowego planowania i zarządzania. Kiedy przyglądają się postępowi stojącej przed nimi duszy, ich dokładna ocena obejmuje całą jej egzystencję. Dzięki tej rozmowie terapeuta ma możliwość wglądu w wiele najważniejszych wydarzeń z poprzednich wcieleń klienta, a gdy dawne wspomnienia wypłyną na wierzch, klient o wiele lepiej pojmie swoją tożsamość wiecznej istoty.

Uważam, że w trakcie sesji LBL z obszaru nadświadomości zostaje uwolniona prywatna strona naszego umysłu, co przewyższa inne formy terapii. Świadomy umysł osoby w głębokiej hipnozie, która stoi przed Radą, jest otwarty i skłonny do udzielania informacji. Wynika to z faktu, że umysł duchowy współpracuje z ludzkim mózgiem, aby objawić podstawowe prawdy o prawdziwej tożsamości. Stojąc przed zgromadzeniem mądrych i sprzyjających mu istot, klient ma mniejsze obawy przed wyjawieniem prawdziwych sekretów jego charakteru.

Chciałbym jednak podkreślić, że niektóre szczegóły spotkania z Radą nie zostaną wyjawione. Myślę, że blokada uniemożliwiająca przypomnienie sobie wszystkiego, spowodowana jest niepełnym duchowym przygotowaniem klienta do otrzymania wszystkich informacji. Może to również wynikać z psychologicznej niedojrzałości klienta, a terapeuta LBL powinien sam rozstrzygnąć, czy opór klienta w przypominaniu sobie szczegółów spotkania wynika z wpływu członków Rady, czy też informacje te nie są ujawniane, ponieważ klient wolałby uniknąć bolesnej analizy swoich błędów i niedociągnięć.

Co ważne, zarówno Starsi, jak i przewodnicy, najwyraźniej potrafią ekranować myśli, które przesyłają do powracającej duszy. Obniża to zdolność klienta do rekonstrukcji pełnego obrazu wydarzeń zachodzących w świecie dusz w trakcie całego spotkania z Radą.

Miałem jednak przyjemność prowadzić sesje z bardzo zaawansowanymi duszami, które były zdolne przekazać mi szczegóły rozmów prowadzonych przez Starszych, a nawet te słowa, które nie były bezpośrednio skierowane do stojącej przed nimi duszy. Obrazuje to poniższy niezwykły przykład:

Dr N. – Jak sądzisz, o czym rozmawiają pozostali członkowie Rady w trakcie twojej komunikacji z prowadzącym?

Klient: – Rozmawiają o przypadkach podobnych do mojego.

Dr N. – Czy możesz to wyjaśnić dokładniej?

Klient: – Nie rozumiem wszystkiego, ale wydaje się, iż porównują te metody, które przyniosły efekty u innych dusz, aby znaleźć dla mnie jak najlepsze podejście w nowym ciele. **Dr N.** – Czy słuchając tej rozmowy, informacje te są dla ciebie w jakiś sposób użyteczne? **Klient:** – Nie do końca. Rozmawiają zbyt szybko i jest to dla mnie zbyt abstrakcyjne, więc wychwytuję tylko fragmenty pomiędzy mentalnymi barierami. A poza tym muszę koncentrować się na prowadzącym.

Wydaje się, że w świecie dusz wraz z zaawansowaniem wzrastają również możliwości duszy w zakresie blokowania transmisji telepatycznej, a także pokonywania takich blokad. Starsi z całą pewnością utajniają większość ze swoich rozmów pomiędzy sobą. Uważam, że to trochę nie w porządku wobec wciąż inkarnującej duszy, ale klienci są spokojni, wiedząc, że to co powinni wiedzieć, będzie im w swoim czasie objawione.

Odkrycie źródła blokady (czy pochodzi ona od samego klienta, czy też od Starszych?) jest dla terapeuty trudnym zadaniem, gdyż każdy klient doznaje wybiórczej amnezji. Jestem przekonany, że wszystko co klient powinien dowiedzieć się w tym miejscu swojego życia, zostanie z pewnością wyjawione w trakcie sesji. Pozostałe informacje zostaną ujawnione później, w odpowiednim momencie dla każdego klienta.

Choć terapeuta LBL powinien dołożyć wszelkich starań, aby pozyskać jak najwięcej informacji w chwili, gdy klient znajduje się w obecności swoich nauczycieli, istnieją jednak nieprzekraczalne granice. Co jakiś czas (na szczęście rzadko) słyszę o hipnoterapeucie, który będąc niedoświadczonym amatorem, próbuje zmusić niczego nie podejrzewającego klienta do udzielenia odpowiedzi w niewłaściwy sposób stymulując przeniesienie oraz używając projekcji i przeciwprzeniesienia.

Przeniesienie w trakcie hipnozy następuje wtedy, gdy klient doświadcza tymczasowego przemieszczenia swoich uczuć na terapeutę. Niektórzy klienci, a zwłaszcza ci, którzy mają nierozwiązane problemy emocjonalne powstające we wczesnym dzieciństwie, są niezwykle podatni i pragnąc zadowolić terapeutę, czynią go w pewnym sensie swoim rodzicem. W ten sposób przeniesienie staje się uzależnieniem.

Klient może na przykład wyobrazić sobie, że dostrzega terapeutę w swojej grupie pierwszorzędnej. Prawdopodobieństwo tego jest tak nikłe, że proponuję od razu założyć, iż jest to odruchowa reakcja na ciepłe uczucia, jakimi klient zaczyna darzyć terapeutę. Każdy profesjonalny terapeuta LBL powinien być godnym zaufania doradcą duchowym, który pomaga ludziom odkryć ich duchowe sprawy. Proponuję więc delikatnie uświadomić klientowi, że biorąc pod uwagę miliardy grup duchowych obejmujących ludzi na Ziemi, spotkanie terapeuty we własnej grupie jest praktycznie niemożliwe. Należy podziękować mu za ten komplement i poprosić, aby bliżej przyjrzał się każdemu z członków jego grupy, gdyż słyszeliście już wiele razy takie wyznanie. Tego typu błędne interpretacje należy skorygować najszybciej jak to możliwe.

Przeciwprzeniesienie występuje wtedy, gdy niedoświadczony terapeuta poddaje się takiemu uzależnieniu uczuciowemu, zachęcając swojego klienta do pogłębiania przeniesienia, i projektując swoją osobę w wizualizacji klienta. Najgorszy przykład jaki mogę sobie wyobrazić to pytania typu: „Czy widzisz mnie wśród członków Rady?" lub „Czy rozpoznajesz mnie jako jednego z twoich przewodników duchowych?". Taki terapeuta, mający słabą strukturę ego, czuje się zawiedziony wynikami sesji, albo pragnie projektować własne pragnienia na klienta lub też wydaje mu się, że wyświadcza w ten sposób klientowi dobrą przysługę.

Takie nietaktowne zachowanie jest nie tylko oznaką całkowitego braku profesjonalizmu, ale jest przede wszystkim nieetyczne i stanowi naruszenie zaufania. Na szczęście zdarza się to rzadko, a klienci są w ogromnej większości świadomi i wystarczająco niezależni duchowo, aby uniemożliwić terapeucie projekcję jego osoby w ich wizualizacji. Duchowa regresja łączy klienta z terapeutą na różnych poziomach energetycznych, dlatego nie rozwiązany natychmiast problem przeniesienia prowadzi do zatrzymania swobodnego i bezstronnego przekazu informacji.

Oczywiście terapeuta LBL może czasami zadać klientowi pytanie dotyczące jego osoby, aby przejść do następnej fazy sesji. Po rozpoczęciu spotkania z Radą, mogę na przykład zapytać:

Jak sądzisz, dlaczego te mądre osoby właśnie teraz zainspiro-
wały cię w twoim umyśle do kontaktu ze mną, abym pomógł
ci uzyskać informacje o twoim życiu w stanie duchowym?

Pytanie to stymuluje myśli o synchroniczności, czyli o nieprzy-
padkowym wystąpieniu zdarzeń dokładnie w tym samym czasie.
Po usłyszeniu pytania większość klientów milczy przez chwilę,
a ja nie odzywam się pierwszy. Wspominałem już, że osoby w hipnozie odpowiadają powoli na dociekliwe pytania, gdyż otrzymują
więcej myśli i obrazów, niż to o czym mówią terapeucie. Należy
więc być bardzo cierpliwym. Oczywiście można zapytać klienta
przed sesją co chciałby dowiedzieć się od Rady na temat swojego obecnego życia. Uważam jednakże, że zadanie pytania w trakcie rozmowy z Radą unaoczni szerszy kontekst kwestii, dlaczego
klient poprosił o pomoc w tym momencie swojego życia.

Wielu klientów cały czas próbuje zrozumieć jakąś ważną sprawę, aczkolwiek wielu innych znajduje się po prostu na rozdrożu,
gdy trafiają do terapeuty. Czy będą kontynuować swój dotychczaso-
wy sposób życia, czy też gotowi już są na pozytywne zmiany mentalne? Trudno powiedzieć. Słyszę często: „Myślałem, że naprawdę
powinienem był zobaczyć się z tobą rok temu, gdy przechodziłem
poważny kryzys, ale teraz jest dużo lepszy czas ku temu, ponieważ jestem spokojniejszy i bardziej refleksyjny". Klienci czują,
że ich sesja ma jakiś sens. Staje się on wyraźnie widoczny w trakcie spotkania z Radą w obecności przewodników, którzy są głównymi opiekunami duszy. Chciałbym jeszcze dodać, że wielu klientów zauważyło mojego własnego przewodnika, który stał za mną,
pomagając mi w prowadzeniu sesji. Czasami sam odczuwam jego
obecność.

Podczas omawiania w trakcie sesji, a szczególnie na spotkaniu z Radą, kwestii związanych z obecnym życiem, należy pamiętać, iż w świecie duchowym dusze egzystują tu i teraz, nie
będąc ograniczonymi liniami czasu, przez co nie jest to czas absolutny. Uświadamiam moim klientom, że dzięki zaletom czasu
„tu i teraz" jestem w stanie prowadzić ich do przodu, do tyłu lub
tymczasowo zawiesić dziejące się wydarzenia. Stanowi to dosko-
nałe narzędzie terapeutyczne, używane w regresji duchowej.

Na przykład w środku spotkania z Radą mogę porozmawiać z klientem o dokonywaniu wyborów życiowych; mogę zamrozić wydarzenia i zabrać go do przestrzeni wyboru przyszłego życia, aby zapytać jakich wyborów dokonał w stosunku do swojego obecnego ciała, a potem znowu powrócić do spotkania z Radą. Dzięki temu powiększa się głębia tego spotkania. Można również zatrzymać rozmowę ze Starszymi i zabrać klienta do jakiegoś ważnego wydarzenia z wcześniejszego okresu obecnego życia, lub któregokolwiek wcześniejszego wcielenia, które ma istotny związek z omawianymi sprawami.

Ponieważ spotkania z Radą odbywały się po zakończeniu poprzednich inkarnacji, technicznie rzecz ujmując, wydarzenia, które sprowadzają klienta do terapeuty LBL, nie miały jeszcze miejsca w tym czasie linearnym, co oczywiście nie narzuca żadnych ograniczeń na terapię obecnego życia. Świat dusz funkcjonuje w pozbawionym czasu obszarze, gdzie wszystkie możliwe tu i teraz współistnieją ze sobą. A zatem sekwencja zdarzeń fizycznych i biologicznych od poprzedniego ciała do obecnego ciała nie wpływa negatywnie na prowadzoną analizę. Często zwracam się do klienta tymi słowami:

Spójrz teraz uważnie na członków Rady i powiedz mi, co sądzą o tym, jak sobie radzisz w twoim obecnym życiu.

Po zadaniu tego pytania terapeuta LBL ma możliwość odkrycia głębszych problemów klienta, jakie związane są z jego pojmowaniem siebie samego, kiedy jego dusza jest w pełni poddana analizie ze strony członków Rady. Należy w tym momencie wyjaśnić wszelkie błędy w percepcji, pomóc klientowi odkryć to, co w nim wyjątkowe, by lepiej zrozumiał wzorce swoich zachowań, a dzięki temu rozbudzić świadomość jego mocnych i słabych stron.

Sądzę, że poprzez dobre zrozumienie tych kwestii, klienci mogą o wiele lepiej interpretować swoje wewnętrzne zachowanie w stanie nadświadomości. Zdaję sobie sprawę, że jestem jedynie pośrednikiem, dzięki któremu o wiele potężniejsze duchowe siły mogą uaktywnić się w życiu mojego klienta. Pytają mnie czasami: „Jeśli czas w świecie duchowym nie jest absolutny, czy w stanie nadświadomości możemy mieć taki sam wgląd w przyszłość, jaki mamy w przeszłość?". Sądzę, że progresja wieku jest możliwa tylko dla niewielu osób, a i tak uważam ją za niepewną. Spoglądanie w przyszłość jest na ogół niemożliwe ze względu na kwestie związane z samopoznaniem, wolną wolą i niemożnością przewidzenia przyszłych wyborów. Więcej na temat progresji wieku napiszę w rozdziale o przestrzeni doboru życia.

Na zakończenie omawiania kwestii związanych z Radą Starszych chciałbym podkreślić, że nawet jeśli w trakcie spotkania klient zostanie zabrany do przestrzeni doboru życia, warto ponownie udać się tam później, aby poznać więcej szczegółów. W wielu przypadkach dokładne omówienie wyborów dokonanych w stosunku do obecnego ciała klienta, może mieć dla niego duże znaczenie. Jak już wspomniałem, klienci niekoniecznie przemieszczają się przez świat dusz w uporządkowany sposób, poczynając od okresu przygotowawczego poprzez spotkanie z przyjaciółmi, dalej do spotkania z Radą. Elastyczność w poruszaniu się po tamtym obszarze, możliwość cofnięcia się lub przesunięcia do przodu, gdy jest to konieczne, stanowią dużą pomoc w prowadzeniu sesji.

Przegląd poprzednich wcieleń

Po przeprowadzeniu wielu sesji LBL uważam, że najlepszym czasem na omówienie poprzednich wcieleń jest albo spotkanie z Radą, albo tuż po nim. Równie dobrze można jednak podjąć ten temat w przypadku, gdy klient zamiast przed Starszymi znajdzie się w bibliotece, w klasie lub w odosobnieniu. Z terapeutycznego punktu widzenia przegląd niektórych spraw, które pojawiły się w ważniejszych poprzednich inkarnacjach, połączony z większym zrozumieniem charakteru duszy jest niezmiernie istotny. Klient może znacznie lepiej poznać siebie samego oraz zrozumieć swoją indywidualność i unikalność. Wieczny charakter duszy formuje się dzięki naszej woli, pragnieniom i wyobraźni, będąc jednocześnie pod wpływem działań i czynów dokonanych w różnych ciałach. Staram się poznać rezultaty i zrozumieć skutki tych zachowania klienta w poprzednich wcieleniach.

Ludzkie społeczeństwo, szczególnie w miejscach gęsto zaludnionych, może nas doprowadzić do psychicznej izolacji, wyczerpania oraz niezdolności do zaangażowania, jeśli nie potrafimy odnaleźć sobie w nim własnego miejsca. Analiza różnorodnych przeszłych ciał klienta umożliwia odkrycie jego prawdziwej tożsamości, co jest kluczowym elementem przeglądu poprzednich wcieleń. Zadaję w związku z tym całą serię pytań:

1. W jakim stopniu ego twojej duszy znajdowało się pod wpływem mózgu każdego z ciał, które wybierałeś? Czy niektóre ciała sprawiły ci większą trudność w podtrzymaniu twojej stałej tożsamości?

2. Która indywidualna cecha twojej duszy jest najważniejsza, definiując twoje prawdziwe ja, przechodzące z jednego wcielenia do następnego?

3. Czy wybierasz częściej ciała męskie lub żeńskie?

4. Czy preferujesz życie w pewnych regionach geograficznych ze względu na ich charakterystykę lub kulturę?

5. Jaki rodzaj życia najbardziej ci odpowiada?

6. Powiedz mi, które z wszystkich twoich wcieleń było najważniejsze i najbardziej efektywne?

Poprzez odkrycie w jaki sposób klient utożsamiał się ze swoimi poprzednimi ciałami, łatwiej zrozumieć dlaczego podjął on w poprzednich wcieleniach określone decyzje, które mogą mieć związek z obecnym życiem. Oczekuję, że klient wyrazi zadowolenie, gdy jakiś cel w poprzednich wcieleniach został osiągnięty, albo jeśli było inaczej – swoje rozczarowanie. Nawet jeżeli klient przeszedł już sesje regresji hipnotycznej w poprzednie wcielenia, prawdopodobnie nie został zapytany o tożsamość duszy we wszystkich poznanych ciałach. Dzięki temu terapia LBL może nadać nowy i ważny wymiar wcześniej uzyskanym informacjom.

Łącząc przegląd poprzednich wcieleń z pełną regresją LBL, staram się dokonać przeglądu kilku ważnych wcieleń klienta. I w tym kontekście jest jedno pytanie, które zadaję każdemu z nich:

7. Jakie było twoje pierwsze życie na Ziemi?

Nieocenioną wartość ma tutaj wiedza o historii ludzkiej cywilizacji oraz powstawaniu i upadku poszczególnych kultur. Niektórzy mogą cofnąć się nawet do ery paleolitycznej jakieś pięćdziesiąt do stu tysięcy lat temu, twierdząc, że należeli do jednego z ówczesnych plemion. Inni zobaczą się wśród ludów ery neolitycznej, jakieś pięć do dziesięciu tysięcy lat temu. Wielu pamięta swoje pierwsze wcielenia we wczesnych latach cywilizacji egipskiej czy mezopotamskiej – trzy do pięciu tysięcy lat temu. Wszystkie swoje inkarnacje pamiętają jedynie bardzo młode dusze, a większość klientów przypomina sobie tylko te wcielenia, w czasie których dokonali największych osiągnięć. Znaczna większość osób ma jednak możliwość przypomnienia sobie swojego pierwszego życia na Ziemi.

Pojawia się również pytanie o te dusze, które odwiedzały Ziemię w ciałach istot z innych planet. O ile pojawiają się co jakiś czas klienci – dusze hybrydyczne, które inkarnowały przed przyjściem na Ziemię na innych planetach, to przypadki dusz, które przybywały na Ziemię w ciałach obcych gatunków należą do rzadkości. Osoby te mogły podejmować się kolonizacji Ziemi u początków naszej cywilizacji albo składały tu jedynie przelotną wizytę. Osobiście spotkałem tylko kilka takich dusz pośród tysięcy moich klientów. Przypadki te opisałem w czasopiśmie „Fate" w numerze z marca 2001 r.

Zadając klientowi pytanie o miejsce, w którym znajduje się w trakcie swojego pierwszego życia na Ziemi, można spodziewać się również takiej odpowiedzi: „Jestem na Atlantydzie". W Części III, w rozdziale „Kontrolowanie świadomej interferencji", opisałem Syndrom Atlantydzki, gdy klient jeszcze przed sesją zakłada, że właśnie tam inkarnował. Uważa się, że ten „zaginiony ósmy kontynent" istniał jakieś dziesięć tysięcy lat temu, i choć sam jestem zaciekawiony tą legendą, pozostaję sceptyczny co do jej prawdziwości. Nie przeczę, że w jakiejś formie Atlantyda mogła istnieć na Ziemi, jednak nadal klasyfikuję te informacje jako nie udowodniony przekaz mitologiczny.

Chciałbym, aby terapeuci LBL zdawali sobie sprawę z tego, że klient wspominający o swoim życiu na Atlantydzie, jest najprawdopodobniej duszą hybrydyczną, aczkolwiek nie należy od razu wykluczać jego stwierdzenia. Wiele miejsca poświęciłem temu zagadnieniu w książce „Przeznaczenie dusz". Jeżeli w odczuciu klienta spędził on swoje pierwsze życie na Atlantydzie, może to być dusza hybrydyczna, która inkarnowała już wcześniej przez wiele tysięcy lat na innej planecie, mogącej przypominać geograficzną legendę o Atlantydzie. Dusza ta zakończyła już swoje inkarnacje na innej planecie i zaczęła pojawiać się na Ziemi. W mojej praktyce nie spotkałem jeszcze duszy, która inkarnowałaby na innych planetach pomiędzy wcieleniami na Ziemi.

Praca z duszami hybrydycznymi stanowi duże wyzwanie psychologiczne, gdyż istoty te niekoniecznie przystosowały się w pełni do życia na naszej planecie i nadal są zniechęcone do pracy z ludzkim mózgiem i energią o dużej gęstości. Niektórzy moi klienci traktowali swoje ludzkie ciała jak obce, jakby z innej planety, a odsetek samobójstw w trakcie pierwszych inkarnacji na Ziemi jest wyższy w przypadku dusz hybrydycznych. Pracując z klientem, który jest duszą hybrydyczną, można zadać podstawowe pytania na temat jego doświadczeń w obcych światach:

1. Czy twoja planeta jest częścią naszego Wszechświata, czy też przynależy do innego wymiaru?

2. Jeżeli należy do naszego Wszechświata, to czy jest częścią Drogi Mlecznej i jest położona bliżej Ziemi?

3. Czy ona nadal istnieje i jak się nazywa?

4. Czy jest to świat fizyczny czy mentalny?

    a. (w przypadku świata mentalnego) Proszę, opisz jak on wygląda i gdzie ty się znajdujesz.

    b. (w przypadku świata fizycznego) Czy jesteś w stanie określić, czy ten świat jest większy czy mniejszy niż Ziemia?

5. Porównaj, proszę, topografię tego miejsca z Ziemią, biorąc pod uwagę góry, pustynie, oceany i atmosferę.

6. Jeżeli na tej planecie istniało życie organiczne, jaka była jego najinteligentniejsza forma? (Przeważnie takie właśnie ciało zamieszkiwała dusza klienta w trakcie tych inkarnacji.)

7. Powiedz, jak wtedy wyglądałeś, o czym myślałeś i czym się zajmowałeś?

8. Dlaczego przestałeś tam inkarnować i pojawiłeś się tutaj?

9. Czy możesz wyjaśnić różnice pomiędzy strukturą mentalną ciała na tej obcej planecie i ciała ludzkiego na Ziemi?

10. Czy możesz porównać technologie z tamtego świata z ziemskimi?

11. Czy znasz kogoś obecnie na Ziemi, kto był z tobą w tamtym świecie?

W trakcie przeglądania wcześniejszych wcieleń, czasami można postawić sobie pytanie, czy możliwe jest, by na osoby, które twierdzą, że zawsze inkarnują na Ziemi, wpływ wywierały indywidualności wcześniej pochodzące spoza Ziemi. Oto dwa przykłady z sesji LBL :

A. „W trakcie swoich wczesnych inkarnacji na Ziemi chciałem stymulować rozwój świadomości, aby podnieść ją z stanu prymitywnego i uczynić bardziej ludzką."

B. „Jedno z moich istotnych wcieleń nastąpiło tuż przed ostatnim zlodowaceniem (ok. 25 tysięcy lat temu). Odkryłem wtedy mieszankę ziół i minerałów, dzięki której można było uspokoić system nerwowy i wyostrzyć percepcję mózgu. W ten sposób wzniosłem ogólną świadomość mojego plemienia i przestaliśmy być tak prymitywni."

Należy pamiętać, że wszystkie poprzednie doświadczenia wpływają na rozwój duszy jedne mniej, inne bardziej. Dopiero jednak w trakcie wizualizacji świata dusz można pomóc klientowi w dobrym połączeniu tych wcześniejszych lekcji z jego obecnym życiem. Wybór kolejnego ciała w każdym wcieleniu jest jakby psychologicznym podsumowaniem wszystkich wcześniejszych inkarnacji, tych na Ziemi i na innych planetach.

Wspominałem na początku Części IV, że czasami przed przejściem do świata dusz trzeba znieczulić urazy powstałe w czasie przeżywania śmierci w poprzednich wcieleniach, gdyż negatywne czynniki z poprzednich inkarnacji mogą jak najbardziej oddziaływać na jego obecne życie. Uważam, że terapia poprzednich wcieleń jest obecnie aż nazbyt rozbudowana, podczas gdy możliwości uzdrawiania wynikające z terapii życiem między wcieleniami są jeszcze niedocenione. Można to tłumaczyć faktem, iż terapia LBL jest młodą dziedziną hipnoterapii.

Znam bardzo kwalifikowanych terapeutów PLR (regresja w poprzednie wcielenia), którzy są w pełni przekonani, że psychologiczne szkody wyrządzone duszy w poprzednich inkarnacjach mają znaczny wpływ na obecne życie. Bieżące cierpienia klienta przypisują w dużej mierze poczuciu strachu i złości, wynikającym z roli ofiary we wcześniejszych życiach, albo poczuciu winy z powodu wyrządzania krzywdy innym osobom. Uważają, że chociaż klient mógł już zakończyć swoją lekcję, mimo to pozostałości negatywnej karmy nadal istnieją i należy je usunąć. Ta stara już koncepcja wymaga ponownego zbadania, gdyż powstała wyłącznie pod wpływem wschodnich doktryn religijnych. Mistycyzm tybetański i wschodnie filozofie religijne twierdzą, że nasza świadomość znajduje się pod wpływem tzw. „zależnego powstawania", a na określenie negatywnej karmy, która jest przenoszona z ciała do ciała i dręczy psychikę człowieka, stosują termin *samskaras*.

Sądzę, że starożytni nie posiadali tej wiedzy kognitywnej, którą mamy obecnie o świecie dusz. Wielu terapeutów PLR, którzy nie znają technik LBL, nie uwzględnia faktu, iż negatywne myśli i odczucia są w znacznym stopniu usuwane w okresie pomiędzy wcieleniami, właśnie w świecie dusz. Zrzucanie naszych problemów na karb negatywnej karmy jest zbyt dalekim uproszczeniem. Nawet w najintensywniejszych latach mojej praktyki niewielu moich klientów było pod istotnym wpływem negatywnych śladów z poprzednich inkarnacji. Można zapytać, że nawet jeśli tak jest, to dlaczego dusze przeżywają tak często wewnętrzne konflikty? W moim odczuciu odpowiedź na pytanie o źródło cierpienia mentalnego leży w niewłaściwym połączeniu ciała z duszą. Omówię to zagadnienie dokładniej w rozdziale „Połączenia pomiędzy ciałem i duszą".

Badanie innych czynności w świecie dusz

Po zakończeniu spotkania z Radą, ale jeszcze przed udaniem się do przestrzeni doboru życia, można zadać klientowi pytanie, które otwiera kolejne obszary aktywności w świecie dusz:

Czy mógłbyś opowiedzieć mi dokładniej o innych czynnościach, które wykonujesz w świecie dusz? Mam na myśli to, co robisz poza spotkaniem z Radą i szkoleniem. Może powiesz mi o twojej ulubionej formie rozrywki?

W siódmym rozdziale książki „Przeznaczenie dusz" opisuję wiele form rekreacji. Warto zajrzeć do tej części co jakiś czas. Oczywiście, to co jeden klient odbiera jako czystą przyjemność, inny będzie traktował jako szkolenie. Poniżej przedstawiam listę obszarów duchowych, które terapeuta LBL może eksplorować w trakcie sesji:

A. Obszary wewnątrz świata duchowego, gdzie dusze przechodzą szkolenie w zakresie kreatywnego używania energii.

B. Obszary poza światem duchowym, na przykład niezamieszkałe światy fizyczne, gdzie dusze mogą ćwiczyć manipulację energiami w celu stworzenia ruchomych i nieruchomych obiektów.

C. Obszary w innych wymiarach, na przykład światy mentalne, do których dusze udają się na szkolenie lub wczasy.

D. Obszary, gdzie dusze wspólnie oddają się zabawie, śpiewają, tańczą, opowiadają sobie historie, grają.

E. Obszary odosobnienia przeznaczone do studiowania i kontemplacji.

F. Zgromadzenia, gdzie dusze wspólnie słuchają wykładów wędrownych nauczycieli.

O każdy z powyższych obszarów można pytać bardziej szczegółowo. Dla przykładu spróbuję rozszerzyć zakres pytań związanych z punktem C, czyli podróżą pomiędzy wymiarami.

Dlaczego zajmujesz się podróżami pomiędzy wymiarami?

Czy nasza rzeczywistość jest zawarta w tej samej przestrzeni i wymiarze, co ta inna rzeczywistość?

Ile wymiarów możesz odwiedzić i jaka jest różnica pomiędzy nimi a naszym Wszechświatem?

Czy dostrzegasz inne inteligentne byty w tamtych wymiarach i czy wchodzisz w kontakt z nimi?

Czy poruszasz się zarówno po wymiarze fizycznym jak i mentalnym? Jeśli tak, jaka jest między nimi różnica?

W trakcie omawiania z klientem pełnego zakresu czynności, które wykonuje w świecie dusz, można odkryć wiele aspektów jego charakteru i poziomu zaawansowania. Dusze mocno osadzone na poziomie trzecim i powyżej specjalizują się na ogół w wykonywaniu jakiejś czynności, która odpowiada ich zainteresowaniom, umiejętnościom, bądź doświadczeniu. W rozdziale ósmym książki „Przeznaczenie dusz" opisałem niektóre z tych działań.

Dyskutując z klientem jego czynności w świecie dusz można jednocześnie sprawdzić jak duże poczynił postępy wraz ze swoimi duszami towarzyszącymi. W związku z tym chciałbym zwrócić uwagę na duchową psychodramę, którą razem wykonują dusze towarzyszące, będącą wręcz kopalnią informacji.

Co prawda, można by ją zaliczyć do zajęć lekcyjnych, ale dość często spotykam klientów, którzy wraz z przyjaciółmi angażują się w nią z dala od pomieszczeń lekcyjnych lub nauczycieli. Zabawa ta wygląda jak prace w grupie badawczej, ale w tym przypadku oceny dokonują współtowarzysze. Niektóre dusze nie włączają się do wspólnej zabawy, ale dla innych omówienie z przyjaciółmi zachowań, które przejawiają w ciele fizycznym, jest bardzo rozwojowe i konstruktywne. Sądzę, że podczas terapii LBL warto zwrócić uwagę na tę czynność. Można rozpocząć pytaniem:

Czy angażujesz się wspólnie z przyjaciółmi w jakiś rodzaj aktywności, w trakcie której oceniacie wzajemnie swoje postępowanie z poprzedniego życia?

W niektórych grupach ponownie odtwarza się życie fizyczne duszy, a jej przyjaciele przyjmują odpowiednie role z danego wcielenia. Wygląda to raczej jakby w pomieszczeniu grupa osób grała w brydża, dzięki czemu można zobaczyć, kto zaproponuje najlepszą strategię, aby dane życie było jak najbardziej efektywne. Jedna z dusz towarzyszących rzuca wyzwanie drugiej by zamieniły się rolami w tym samym ciele, a przyjaciele oceniają komu lepiej poszło. Chociaż psychodrama to czynność, przy której dusze mają wiele zabawy i przyjemności, to jednak jest też wielce pouczająca.

Ćwiczenie to pomaga duszom zrozumieć, w jaki sposób dobiera się różne ciała i umysły do wykonania określonych zadań w danych okolicznościach. Te interaktywne sceny pozwalają terapeucie obserwować jak jego klient wraz z towarzyszami bada wszystkie główne możliwości w określonych sytuacjach minionego życia. Część tych sytuacji problemowych wiąże się z obecnym życiem klienta. Na postawie relacji, jaką klient zdaje z odbywającej się psychodramy, można wysnuć wiele wniosków. Podaję trzy takie przykładowe możliwości:

1. Czy w czasie trudnych wydarzeń lub na rozdrożu życia, klient podejmował decyzje sam, czy też konsultował się z innymi osobami?

2. Czy dokonując wyboru, a już szczególnie gdy w grę wchodziły inne osoby, klient kierował się własnym interesem, czy też chciał w pomyślny sposób rozwiązać daną sytuację?

3. Czy na bazie doświadczeń uzyskanych w trakcie psychodramy klient inaczej reaguje na trudne wydarzenia w obecnym życiu niż w poprzednich wcieleniach, a szczególnie w związkach z innymi osobami? Jak duże są te zmiany?

Najczęściej okazuje się, że wielu aktorów biorących udział w odgrywanej w świecie dusz psychodramie, pojawia się wraz z klientem w kolejnym wcieleniu, pełniąc w jego życiu ważne role. Dlatego też poszukując wskazówek, które mogą pomóc w rozwiązaniu obecnych problemów klienta, warto zwracać uwagę na wszystko, co dzieje się w świecie dusz. Sposób dotarcia do duchowej pamięci jest inny u każdej osoby. Czasami zestaw następujących po sobie pytań jest skutecznym środkiem dotarcia do świata dusz, a niekiedy osoba w transie hipnotycznym wykazuje duży opór w udzielaniu odpowiedzi. Część osób niewiele pamięta z czynności wykonywanych z dala od swoich przewodników i Starszych, a inni udzielą wielu precyzyjnych odpowiedzi, o ile otrzymają właściwe pytania, gdyż na ogół nikt nie udziela informacji dobrowolnie i automatycznie. Jeżeli pytania nie są ułożone metodycznie, łatwo przegapić najważniejszy punkt sesji. Sam pewnego razu prawie ominąłem ten moment.

Już miałem doprowadzić sesję Jack'a do końca, gdy po namyśle zadałem jeszcze jedno pytanie: „Czy nie przegapiliśmy czasami jakiejś instrukcji otrzymanej pomiędzy twoim ostatnim i obecnym życiem, nad którą powinieneś teraz pracować?". Po dłuższej przerwie Jack odparł: „Przypuszczam, że masz na myśli ten wykład, którego słuchałem z piętnastoma innymi, nieznajomymi duszami?". Nie miałem zielonego pojęcia o jakim wykładzie mówi, ale z całą powagą i pewnością siebie, na jaką mnie było stać, powiedziałem: „Tak, właśnie ten. Jak policzę do trzech, przeniesiesz się na ten wykład i wszystko mi o nim opowiesz... raz, dwa, trzy!".

Następnie Jack opowiedział, że poproszono go o uczestnictwo w wykładzie typu „a co jeśli", którego celem było omówienie różnych zagadnień. Odbywał się w scenerii przypominającej świątynie grecko-rzymskie z okrągłymi siedzeniami, a stojący na środku prowadzący pytał poszczególne dusze co zrobiłyby w określonych sytuacjach w czasie inkarnacji. Gdy przyszła kolej na Jacka, zupełnie nie wiedziałem, czego mogę się spodziewać. Jego twarz poszarzała i powiedział łamiącym się głosem:

Aha.... O to chodzi! Moje... to sprawa dobroci dla zwierząt ... i upadam. W poprzednich wcieleniach byłem albo okrutny albo obojętny wobec zwierząt, a szczególnie wobec koni, na których walczyłem w bitwie. (po długiej pauzie) Nie lubię kotów... Nie jestem dobry dla mojego psa... One są tu po to, abym nauczył się współczucia. Muszę o tym pamiętać! Moje pytanie „a co jeśli" dotyczy właśnie mojego stosunku do zwierząt.

Na pierwszy rzut oka ta wizualizacja może nie mieć większego znaczenia na tle innych zagadnień karmicznych, a jednak to założenie byłoby niesłuszne. Zbadaliśmy razem z Jack'iem jego ogólne nastawienie wobec dobroci i współczucia, a także to jak cechy zwierząt potrafią wzbogacić nasze zrozumienie wszystkich form życia. Okazało się, że Jack nie znosi zwierząt domowych, a rodzina nalega, aby one były obecne w domu.

Zapytałem Jack'a dlaczego ten duchowy wykładowca zapytał go o to, jak traktował zwierzęta w poprzednich wcieleniach. Okazało się, że Jack ma uprzedzenia do – jak to nazwał – „niższej formy życia". Niedoceniamy zwierząt, gdyż różnią się od nas, a wielu ludzi patrzy na nie z góry.

Następnie wyszło na jaw, że zwierzęta były tylko zewnętrzną manifestacją potrzeby wywyższania się Jack'a nad osobami różniącymi się od niego. Ten konkretny wykład był zatem specjalnym przypomnieniem tego, nad czym ma pracować w obecnym życiu. Na szczęście udało nam się to odnaleźć w pamięci Jack'a przed zakończeniem sesji.

Kończąc zadawanie przygotowanych wcześniej pytań, należy być świadomym jak różni się percepcja bardziej zaawansowanej duszy od spostrzegawczości dusz mniej rozwiniętych. Prawdopodobnie ograniczenia naszego mózgu stanowią barierę dla przekazu informacji ze świata dusz, gdyż w trakcie opowiadania wielu klientów wyodrębnia spośród wielu obrazów lub czynności tylko jeden z nich. Jedynie nieliczni doświadczają trwałej unifikacji duchowej mądrości. Wydaje się wtedy, że odczytują ważne informacje ze wszystkich swoich duchowych czynności jednocześnie.

Wybór życia i ciała

Ostatnia główna faza duchowej regresji hipnotycznej odbywa się w miejscu, gdzie dusza ogląda swoje ciało tuż przed kolejną inkarnacją. Dusze udają się tam dopiero po wykazaniu pełnej gotowości do ponownych narodzin. Wiele szczegółów o tym, jak klienci postrzegają swoje następne życie i zaoferowane im ciała, podałem w książkach „Wędrówka dusz" (w rozdziałach dwunastym i trzynastym) oraz „Przeznaczenie dusz" (w rozdziale dziewiątym). Każdy z klientów w odmienny sposób nazywa tę przestrzeń, podobnie zresztą jak każdą inną w świecie dusz, która posiada określoną funkcję. Najpopularniejsze nazwy to: przestrzeń doboru życia, pokój projekcyjny i pierścień przeznaczenia.

Klienci wizualizują zwykle to miejsce jako okrągłe pomieszczenie z dużymi panelami lub szybami przezroczystej i płynnej energii. Jest to jakby teatr ze sceną arenową, na której odgrywają się sceny ukazujące wydarzenia i osoby z przyszłego życia duszy, która ma rozpocząć nowe życie. Reakcja na toczące się wydarzenia bywa dwojaka:

A. Dusze pozostające jedynie obserwatorami, które wolą trzymać się z boku.

B. Dusze pragnące w nich uczestniczyć – wchodzące w wybrane sceny.

Zależy to od charakteru duszy, jej indywidualnego nastawienia w momencie oglądania, a także od samego życia, które dusza wybiera. Młodsze dusze na ogół przyjmują to, co jest im przedstawione, a inne dokonują bliższej analizy i badają różne możliwości.

Wydaje się, że dusze potrafią wpływać na sceny, które toczą się na umieszczonych przed nimi panelach, obejmujące pewną liczbę wariantów każdego z możliwych wcieleń. Manipulacje te wykonywane są oczywiście przy pomocy duchowego umysłu, choć klienci mówią o korzystaniu z przycisków, dźwigni, tarcz z numerami, rączek – czyli jak najbardziej fizycznego sprzętu. Wspomniałem już w swoich książkach, że specjaliści kontrolujący ten obszar pozostają przez większość czasu niewidoczni dla duszy, która jednak jest w pełni świadoma, że istnieje osoba odpowiedzialna, monitorująca jej działanie. Czasami duszy towarzyszy jej przewodnik, a kiedy indziej jest on nieobecny.

Z moich doświadczeń wynika, że linie czasu związane z poszczególnymi wydarzeniami oraz okresy chronologiczne odnoszące się do poszczególnych ciał występujących na panelach są redagowane w zależności od natury przyszłego życia, lekcji karmicznych z nim związanych i samej duszy. W stosunku do niektórych wcieleń dusza może mieć większą możliwość wyboru różnych wariantów, a mniejszą w innych przypadkach. Niektórzy klienci oglądają życie począwszy od narodzin, poprzez młodość, aż do starości, a inni widzą jedynie jego niewielki wycinek.

Kiedy dusza odwiedza przestrzeń doboru życia, niekiedy wybiera spośród jednego lub dwóch ciał, a czasami dostaje propozycję wyboru aż spośród pięciu ciał. Bez względu jednak na ich ilość, preferowane jest jedno z ciał, a dusze wybierają przeważnie to, które będzie najlepsze do odbycia założonych wcześniej lekcji. Klient może wybierać na przykład spośród trzech ciał: łatwego, średnio-trudnego i bardzo trudnego do oswojenia, a dla każdego z nich wybór życia może obejmować: nieskomplikowane, raczej trudne oraz mozolne. Taki szeroki zakres wynika z motywacji i pragnień duszy, określonych kwestii karmicznych, jej wieku ewolucyjnego i osiągnięć z przeszłości. Klient często nie potrafi wyjaśnić racjonalnych przesłanek i mądrości, jakie sprawiały, że oferowano mu właśnie takie życie i ciała do wyboru.

Linie przyszłego czasu stanowią integralną część pokoju projekcyjnego. Wydaje się, że na ekranach pojawiają się migawki różnych zdarzeń wraz z możliwymi wyborami i ich prawdopodobieństwem na tle fizycznego, ziemskiego czasu. Wynika z tego, że żadna z przyszłych sytuacji na Ziemi nie jest do końca pewna, gdyż w przeciwnym wypadku nasze życie byłoby w pełni zdeterminowane, bez udziału naszej wolnej woli, a ziemskie laboratorium byłoby kiepską szkołą, jeśli rządził by w niej los. Uważam, że w czasie tu i teraz w świecie duchowym istnieje nieskończona liczba wariantów ziemskiej przyszłości związanej z ziemską teraźniejszością, a mimo to wydaje się, iż dusze oglądają jedynie te, które w tej matrycy możliwych zdarzeń są najbardziej prawdopodobne. Przedstawiane na ekranach wydarzenia i możliwości związane z przyszłym życiem można powiększyć, wyodrębnić, zmniejszyć, tak aby dusza mogła dokonać ich swobodnej analizy. Wygląda to jak oglądanie konara drzewa i wielu gałązek, a używam tej analogii dlatego, że niektóre z linii czasu tej samej sceny wydają się wyraźniejsze i mocniejsze.

Pisałem już o tym, że czas tu i teraz w świecie dusz obejmuje ziemską przeszłość, teraźniejszość i przyszłość. Wyobraźcie sobie strumienie energii przedstawiające wydarzenia, które wypływają w przyszłość i powracają z przeszłości, a potem spotykają się w centrum, w wirze świata duchowego. Dusze na Ziemi mogą wizualizować scenę jak siedzą w bibliotece i oglądają na ekranach wszystkie niuanse swoich poprzednich wcieleń. Podobnie, będąc w przestrzeni doboru życia mogą sprawdzić najbliższą przyszłość, choć mniej szczegółowo. Tą część sesji można zakwalifikować do pewnego rodzaju progresji czasu przyszłego, ponieważ otrzymujemy wgląd w próbki przyszłych zdarzeń.

Swoje zdanie na temat linii czasu i wolnej woli przedstawiłem obszerniej w dziewiątym rozdziale książki „Przeznaczenie dusz". Chciałbym tylko dodać, że niektórzy naukowcy zajmujący się teorią kwantową wierzą, iż spośród wszystkich możliwych wydarzeń tu i teraz zawsze zaistnieją te, które są najbardziej prawdopodobne, co przechyla szalę w stronę determinizmu. Oznaczałoby to, że z powodu predeterminacji i zmniejszenia zakresu możliwości, spadłoby znaczenie wolnej woli. Jednak z relacji moich klientów wynika, że przyszłość oferuje nam szeroki zakres wyboru, a każda rama czasowa tu i teraz istnieje jednocześnie z wszystkimi innymi tu i teraz, które mogą zaistnieć. Aczkolwiek nie wiemy, czy możliwe rzeczywistości nachodzą na siebie w jednej realności, czy też poszczególne rzeczywistości istnieją równolegle obok siebie.

Całkiem możliwe, że wydarzenia ziemskie nie zachodzą w czasie tu i teraz w świecie dusz, ale mogą być umieszczone na różnych liniach czasu, które wydają się poruszać w naszym starzejącym się fizycznym wszechświecie. Wierzę, że w każdej chwili ludzie mają możliwość wyboru i dokonania korekty kursu swojego życia, przez co odczuwane przez nas skutki jakiegoś zdarzenia mogą zostać zmienione w zależności od wyboru indywidualnego podejścia do tej samej sytuacji. Osoby, które uważają, że przeszłości nie da się zmienić, pytam, czy są przynajmniej w stanie zaakceptować fakt, że przez naszą postawę i reakcję na poszczególne zdarzenia możemy mieć wpływ na ich ostateczny rezultat.

Czasami klienci zadają mi pytanie, czy wykonuję progresję wieku. Moja odpowiedź brzmi „Nie" W przestrzeni doboru życia dusze mogą oglądać zdarzenia wyłącznie z najbliższego wcielenia i nic więcej. Jeżeli na przykład prowadzę sesję z czterdziestoletnim klientem i oglądamy właśnie w pomieszczeniu projekcyjnym to, co w nim widział tuż przed obecnym życiem, sceny te nie wykroczą poza jego obecny wiek czterdziestu lat. Te przyszłe wydarzenia nie miały jeszcze miejsca, więc nie może ich podejrzeć!

W przeszłości eksperymentowałem z progresją wieku, ale okazało się, że przewodnicy nie zezwalają moim klientom na podglądanie przyszłości. Dzięki temu dusza może przejść długą drogę samopoznania i samodoskonalenia. Pojawia się u mnie co jakiś czas klient, który ma przebłysk możliwej przyszłej sytuacji – na przykład, że przebywa w statku kosmicznym w dwudziestym trzecim wieku – ale takie obrazy są niewyraźne i słabe. W takich sytuacjach, które nazywam „Star Trek", mam nieodparte odczucie, że świadome pragnienia (np. by stać się kapitanem statku kosmicznego) zakłóciły obiektywną relację ze świata dusz i stały się pobożnym życzeniem. Większość moich klientów uważa, że próby spoglądania w przyszłość lepiej pozostawić duchowym planistom. Myślę również, co być może być tutaj najważniejsze, że progresja wieku jest zupełnie nieprzydatna w terapii LBL.

Po przygotowaniu klienta do przejścia do przestrzeni doboru życia, terapeuta staje się świadkiem, w jaki sposób klient podejmował decyzje związane z obecnym życiem i ciałem. Mam nadzieję, że poniższa seria pytań pomoże w pozyskaniu w tym momencie istotnych informacji:

1. Kto i w jaki sposób powiadamia cię, że nadeszła pora na kolejną inkarnację?

2. Czy twoje pragnienie ponownych narodzin jest mocne, średnie, słabe, czy może odczuwasz niechęć?

3. Czy kiedykolwiek powiedziałeś, że nie jesteś jeszcze gotowy do ponownych narodzin? Jeśli tak, to w jakich okolicznościach, i jak to się skończyło?

4. Czy do przestrzeni doboru życia udajesz się sam czy z przewodnikiem?

5. Czy czujesz obecność wyższych istot, które pracują w tym pomieszczeniu?

6. Opisz proszę otoczenie, a także to co widzisz i robisz.

7. Spośród ilu ciał możesz wybierać? Proszę opisz szczegółowo każde z nich.

8. Jak sądzisz, jakie możliwość daje ci każde z tych ciał?

9. Czy preferujesz jedno z tych ciał? Czy właśnie to ciało wybrałeś? Dlaczego odrzuciłeś inne?

10. Kiedy obserwujesz ciało, które wybrałeś w tym życiu, czy widzisz je aktywne na ekranie? Czy masz wpływ na to działanie, czy też wydaje ci się, jakby ktoś inny sterował wydarzeniami, które obserwujesz?

11. Czy jesteś obserwatorem, czy też uczestniczysz w akcji odgrywającej się na scenie?

12. Która ze scen najbardziej cię interesuje i dlaczego?

13. Czego nauczyłeś się wcześniej, przed przyjściem do pokoju projekcyjnego, co pomogło ci dokonać wyboru właśnie tego ciała?

14. Czy w trakcie oglądania różnych życiowych sytuacji część z nich jest bardziej odpowiednia dla jednego z oferowanych ciał, niż dla pozostałych?

15. Jakie korzyści i problemy płyną z ciała, które wybrałeś? Wyjaśnij najważniejsze pozytywne i negatywne aspekty twojego ciała.

16. Czym różni się mózg z obecnego ciała od mózgów, którymi dysponowałeśw w poprzednich wcieleniach?

17. Jaka jest twoja główna misja w tym życiu? Czy zmieniła się w stosunku do tego, co zobaczyłeś w przestrzeni doboru życia?

18. Czy twoje cele z obecnego życia różnią się od dążeń z poprzednich wcieleń? Czym się różnią?

19. Czy na ekranach widzisz osoby, z którymi powinieneś współpracować w tym życiu?

20. Czy widzisz na ekranie coś, o czym jeszcze nie rozmawialiśmy? Czy jakaś istota nie pozwala ci przekazać mi wszystkiego co widzisz?

Klienci opisują to duchowe doświadczenie na wiele sposobów. Niektórzy podają wszystkie szczegóły, a inni jedynie zarys informacji. Zdarzają się osoby, które po jakimś czasie oglądania przedstawianych wydarzeń lub aktywnego w nich udziału, oraz po podjęciu decyzji co do przyszłego ciała i życia, odmawiają dalszej obserwacji: „Ufam im, że wiedzą co robią i nie muszę niczego widzieć". Terapeuta powinien zawsze pamiętać, że w trakcie wizualizacji działań z przestrzeni doboru życia klient może odpowiadać na pytania o jego obecnym życiu. Pod koniec tej części sesji, która odbywa się w pomieszczeniu projekcyjnym, można pokusić się o zadanie następującego pytania:

Czy wiedziesz swoje życie zgodnie z tym, co zobaczyłeś na ekranie? Jeśli nie, co się zmieniło i dlaczego?

Powiązania między ciałem i duszą

Zdarza się, że gdy osoby w transie znajdują się w przestrzeni doboru życia, najpierw dostrzegają samo ciało, bez duszy, ponieważ działania na ekranie jeszcze się nie rozpoczęły. Pamiętam, jak jeden z klientów powiedział: „Na początku patrzę na wizerunki ciał pozbawione duszy. Mają one już mózg, ale są jak roboty, albo puste rzeczy". W momencie rozpoczęcia akcji na ekranie, dusza gwałtownie uzyskuje połączenie z poszczególnymi ciałami, aby mogła uzyskać pełną percepcję, jak będzie się czuła w każdym z nich.

Co jakiś czas terapeuta słyszy: „Nie chcę tego ciała, ponieważ nie czuję się w nim dobrze". Jeszcze rzadziej można spotkać klienta, który przyznaje się do popełnienia błędu w trakcie doboru ciała i prosi o uwolnienie z niego w pierwszym miesiącu po wejściu do płodu. W takim przypadku następuje zamiana z inną duszą, która osiedla się w rozwijającym się już płodzie. Nigdy jednak w mojej praktyce nie spotkałem duszy, która wkroczyła do ciała już po narodzinach. Staram się nie brzmieć zbyt kaznodziejsko w trakcie moich szkoleń LBL, ale niepokoi mnie fakt, że niektórzy hipnoterapeuci wierzą w teorię przypadkowego osiedlenia duszy w rozwiniętym już ciele po jego narodzinach (ang. walk-in theory).

W rozdziale trzecim książki „Przeznaczenie dusz" przedstawiłem szczegółowo moje poglądy na ten temat i choć wiem, że istnieje wiele możliwości, to jednak moi klienci odrzucają teorię przypadkowego zasiedlenia ciała, gdyż nasi mistrzowie duchowi są zbyt mądrzy, aby zezwolić innym istotom posiąść czyjś umysł. Cała ta koncepcja, że inne byty mogą zająć nasz umysł, oparta jest na zabobonach i lękach rodem ze Średniowiecza. Moi nieliczni dyskutanci w tej kwestii, którzy nie zgadzają się ze mną, argumentują, iż jest to życzliwy akt osiedlającej się duszy.

Przykłady zawarte w moich książkach, w których jest mowa o łączeniu się duszy z płodem i rozwijającym się mózgiem ludzkim, wyraźnie wskazują, iż jest to proces powolny i niewyobrażalnie subtelny. Przypadek Nancy opisany w rozdziale „Wewnątrz łona matki" niniejszej publikacji ukazuje wyraźnie, że dusza bardzo delikatnie i ostrożnie próbuje połączyć swoje wibracje energetyczne z umysłem dziecka, uważnie podążając za neuroprzekaźnikami mózgu. Trudno sobie wręcz wyobrazić szok, jaki pojawiłby się w umyśle dorosłego, gdyby jedna dusza wymieniła swoje indywidualne energie wiecznego charakteru na inne w środku ludzkiego życia. Uważam, że doprowadziłoby to do szaleństwa lub śmierci.

Jednym z najbardziej złożonych zagadnień duchowej regresji hipnotycznej jest właśnie integracja duszy z ludzkim mózgiem. W swoich książkach omawiam na przykładach wiele aspektów współpracy duszy i mózgu. Większość osób czuje się całkiem komfortowo, wiedząc, iż istnieje dualność duszy i mózgu w ich ciałach. Są jednak i tacy, którzy są mniej lub bardziej zaniepokojeni tą relacją. Dlatego należy niezwykle ostrożnie wyznaczać źródło mentalnych problemów klienta.

Wielokrotnie mnie pytano czy przyczyną rozszczepienia osobowości (MPD) mogłoby być pojawienie się osobowości z poprzednich wcieleń. W moim przekonaniu MPD to rozległe wyparcie pojedynczej, bieżącej osobowości, która wcześniej w swoim życiu doznała głębokich urazów. Osoba chora na MPD chciałaby usunąć bolesne wspomnienia, związane często z jej maltretowaniem w dzieciństwie, i ucieka do innych, nie pochodzących z poprzedniego życia osobowości, aby wyprzeć własną psyche. Uważam, że u przeciętnego człowieka zaburzenia tożsamości spowodowane są raczej niewłaściwym połączeniem duszy z mózgiem, niż symptomami MPD.

Rozpatrując kwestię chorób umysłowych trzeba również wziąć pod uwagę fakt, że niektóre ciała mają skłonności do nieprawidłowej pracy mózgu i zaburzeń hormonalnych, a jeśli dodamy jeszcze do tego fizyczne i psychiczne molestowanie w dzieciństwie, otrzymamy podstawę zaburzeń umysłowych. Gdyby taki umysł otrzymała młoda, niedoświadczona dusza, nie poradziłaby sobie z nim odpowiednio, została zanieczyszczona i schwytana w pułapkę chorego biologicznego mózgu. W takim stanie dusza nie może poprawnie funkcjonować.

Wieczny charakter duszy łączy się z ludzkim mózgiem i centralnym systemem nerwowym, tworząc określony temperament naszego ciała. Połączenie duszy z mózgiem tworzy indywidualną, choć tymczasową osobowość, związaną tylko z danym ciałem. Nazywam to „zasadą jaźni". Indywidualna tożsamość obejmuje tak świadome, jak i podświadomione wspomnienia, i dlatego odnalezienie swojej prawdziwej tożsamości może być dość trudne. Sądzę, że próbując określić swoją jaźń, ludzie zanadto polegają na emocjonalnej i zmysłowej reakcji na informacje płynące z mózgu. W ten sposób nasz fizyczny umysł potrafi ogłupić nas do tego stopnia, że tworzymy wyobrażenie o swojej tożsamości w oparciu o wpływy środowiskowe tej planety oraz nasze emocjonalne reakcje na nie.

Powszechnie utożsamia się jaźń z myślami, wspomnieniami oraz wyobrażeniami o życiu, które znajdują się pod wpływem wiecznej świadomości, czyli naszej duszy. Patrząc w lustro pytamy: „Dlaczego jestem sobą?". Nasza osobowość (czyli połączenie ego duszy i biologicznego ego) rozwija się i zmienia w ciągu całego życia w sposób niejednostajny, co jeszcze bardziej komplikuje sytuację. O ile biologiczne ego zmienia się gwałtownie w jednym życiu, to ewolucja duchowego ego zabiera wiele wcieleń. Nasza wewnętrzna jaźń stanowi fundament prawdziwej osobowości, która wpływa na nasz emocjonalny temperament, a wszystkie te elementy jednoczą się razem w człowieku. Uważam, że gdy te wrażliwe połączenia rozłamują się, prowadzi to do choroby umysłowej, a nawet do zachowań kryminalnych.

Wchodząc w kontakt z własną jaźnią duchową możemy poznać wewnętrzne cechy naszego wiecznego charakteru. Dzięki temu głębiej doświadczamy prawdziwej indywidualności i lepiej rozumiemy kim jesteśmy, jako suma różnych składników jaźni. Terapeuta LBL powinien pomóc klientowi odkryć jego pełną tożsamość, odsłaniając wspomnienia z okresu łączenia się umysłu z ciałem. Terapia LBL to w rzeczywistości duchowa wyprawa, której celem jest pełniejsze i lepsze zrozumienie siebie samego.

Jaźń duchowa klienta może różnić się od jego obecnego temperamentu, a może również być do niego zbliżona. Dusza ufa w tym zakresie planistom ze świata dusz, którzy przygotowują dla niej jak najlepsze ciało. Połączenie mocnych i słabych stron wiecznego charakteru duszy z zaletami i wadami ludzkiego temperamentu ma na celu stworzenie wyjątkowej kombinacji cech dla obopólnej korzyści. Ludzki umysł biologiczny łączy się z duszą, która ze swojej strony zapewnia wyobraźnię, intuicję, wgląd wewnętrzny i świadomość. W ten sposób każdy z nas ma do czynienia w życiu z dwoma wewnętrznymi ego, a ich połączenie reprezentuje dualizm umysłu i ducha.

Jeśli oba ego połączą się w odpowiedni sposób, wszystko jest w porządku. W przeciwnym wypadku sprzeczne impulsy prowadzą do niepokoju neurotycznego – czyli oba ego mogą stać w opozycji do siebie lub połączyć się wzajemnie. Ta pierwsza opcja wcale nie oznacza automatycznie braku harmonii i zrównoważenia. Daję czasami przykład pasywnej duszy o niskim potencjale energetycznym, która pragnie połączyć się z niespokojnym, agresywnym mózgiem, aby spróbować w ten sposób zmienić swoją naturalną skłonność do nieśmiałości. Z drugiej strony, jeśli mocna, pragnąca kontrolować innych dusza połączy się z agresywnym ciałem, mieszanka okaże się wybuchowa.

Odnalezienie prawdziwej jaźni dzięki terapii LBL nie oznacza automatycznego rozwiązania problemów emocjonalnych. A jednak terapia ta, poprzez obserwację i pozyskiwanie dodatkowych informacji o jaźni, kładzie mocne psychologiczne fundamenty pod percepcję własnej tożsamości, co może stymulować większą wnikliwość i osobiste uzdrowienie w życiu klienta. Przebadanie dualności tych obu ego u każdego swojego klienta powinno być głównym zadaniem terapeuty LBL.

Chciałbym teraz przedstawić fragment sesji, który ilustruje konflikt obu ego stojących w opozycji do siebie. Gdy omawiam ten przypadek w trakcie szkoleń, słuchacze nazywają go „Dynamiczne duo". Bohaterką jest trzydziestopięcioletnia niezamężna kobieta, Lois, która jest kierownikiem sprzedaży w dużym koncernie międzynarodowym. Dusza Lois, o imieniu Madwana, jest całkiem młoda i pojawia się na Ziemi dopiero od około pięciuset lat.

We wszystkich poprzednich wcieleniach Madwana pojawiała się jako mężczyzna i jak do tej pory przy wyborze ciała kierowała się kompatybilnością pomiędzy nim a duszą. Dopiero przed obecną inkarnacją nastąpiła zmiana. Poniższy fragment sesji odbywa się w przestrzeni doboru życia tuż przed pojawieniem się w jej obecnym ciele.

Dr N. – Spośród ilu ciał możesz dokonać wyboru?

Madwana: – Dwóch: jest to kobieta i mężczyzna. Mogę ponownie wybrać ciało męskie, tak jak poprzednio, ale zamierzam wybrać ciało kobiety, ponieważ muszę zrobić krok do przodu.

Dr N. – No dobrze, jak Lois wygląda na pierwszy rzut oka?

Madwana: – Och... chuda, niezwykle nerwowa, włosy w nieładzie... Boże, ona jest taka... szalona. To będzie bardzo trudna i niebezpieczna współpraca. Teraz to się dopiero zacznie.

Dr N. – Czy to oznacza, że połączenie z twoimi poprzednimi ciałami nie było aż tak trudne, jak to będzie w tym przypadku?

Madwana: – Tak. Widzisz, jestem spokojną, analityczną duszą i przed podjęciem decyzji lubię wszystko szczegółowo rozważyć.

Dr N. – Więc dlaczego potrzebujesz tej zmiany?

Madwana: – Ponieważ po dokonaniu analizy wszystkich możliwości kończy się na tym, że nie podejmuję w swoim życiu żadnego ryzyka.

Dr N. – Czy chcesz przez to powiedzieć, że jako dusza trudno ci podejmować decyzje?

Madwana: – Och, ... Nie sądzę... Po prostu jestem bardzo rozważna.

Dr N. – A jakim temperamentem odznacza się ciało Lois?

Madwana: – To istna bomba! Zwariowana osoba, a wszystko co zaczyna prowadzi do emocjonalnych tarapatów.

Dr N. – Madwana, jeżeli na tym polega główna rozbieżność pomiędzy twoim charakterem a temperamentem ciała, jakie korzyści przyniesie ci właśnie taka inkarnacja, których nie odniosłaś w poprzednich wcieleniach?

Madwana: (po dłuższej przerwie) – Trudno mi się do tego przyznać, ale czułam się komfortowo w chłodnych emocjonalnie ciałach. Tak łatwo staję się obserwatorem i nie potrafię zaangażować się w pełni… a szczególnie w relacje z ludźmi. Nie byłam do tej pory… otwarta na ludzi.

Dr N. – Rozumiem. A jak wygląda życie w ciele Lois?

Madwana: – Jak przejażdżka kolejką górską w wesołym miasteczku! Ona jest … taka skomplikowana… podejmuje się czegoś zupełnie bez zastanowienia. Zawsze gotowa oddać całą siebie. Ja unikam napięcia, ona wręcz przeciwnie. Ja się guzdram, a ona ma silną motywację wewnętrzną.

Dr N. – Ona jest bezpośrednia, podczas gdy ty jesteś bardziej powściągliwa?

Madwana: – To za mało powiedziane. Próbuję ją utemperować, a ona jest lekkomyślna i zuchwała… (ze łzami w oczach) szczególnie obcując z mężczyznami. Są chwile, gdy wymyka się spod kontroli i sprowadza na nas wiele bólu psychicznego. To jest zbyt przytłaczające.

Dr N. – A jak ty się z tym czujesz, Madwana?

Madwana: – W pułapce.

Uwaga: W tym miejscu zatrzymuję swoje dociekania, aby pocieszyć moją klientkę i ponownie zwrócić jej uwagę na przyczyny doboru właśnie takiego ciała i na lekcje, które ma dzięki temu odrobić.

Dr N. – Powiedz mi, co wy dwie macie ze sobą wspólnego?

Madwana: (odzyskawszy równowagę) – Obie staramy się na swój własny sposób. Ja jestem bardziej nieśmiała. Ona wyciąga tę ciepłą stronę mojej natury, którą trudno mi było w poprzednich wcieleniach wyrazić. Oboje jesteśmy bardzo dumne i nie złościmy się tak łatwo, ani nie jesteśmy mściwe w stosunku do osób, które nas skrzywdziły.

Dr N. – Więc ten aspekt dualizmu twojego ego pozostaje raczej w harmonii?

Madwana: (wahając się nieco) – Hmm... tak, z tym łatwiej sobie poradzić...

Dr N. – W takim razie, jaką cechę ona posiada, która przyniosłaby ci największą korzyść, Madwana?

Madwana: – Zawsze gotowa jest zaufać, gdyż kocha ludzi. Nie nudzę się i nie jestem taka samotna jak w poprzednich wcieleniach. Ona mnie motywuje.

Dr N. – A jak ty jej pomagasz?

Madwana: – Zajęło mi to sporo czasu, ale w końcu zmusiłam ją do nieco wolniejszych obrotów i zastanowienia się choć przez chwilę przed skokiem.

Zbadaliśmy różnice pomiędzy ciałami męskimi i żeńskimi i dowiedziałem się, że Madwana jako mężczyzna była egoistyczna w stosunku do kobiet. Myślę, że zmiana kierunku działania tej duszy, spowodowana w jakimś stopniu poważnymi rozmowami z przewodnikiem pomiędzy wcieleniami, wynikała ze zmęczenia samotnością i brakiem satysfakcji w relacjach z ludźmi. Sądzę, że ta sesja pomogła Lois i Madawanie spojrzeć na siebie w jaśniejszym świetle.

Po wielu emocjonalnie wyniszczających związkach Lois zaczęła uważniej słuchać swojej wewnętrznej jaźni. Otrzymałem później od niej list, w którym pisze, iż jest teraz o wiele bardziej świadoma tego, jak jej oba ego uczą się wzajemnie od siebie, oraz że próbuje znaleźć równowagę w tej „połączonej osobowości", jak to nazwała. Wydaje się, że obie tożsamości dochodzą w końcu do porozumienia.

Jeśli wydaje się, iż czyjeś zachowanie ma niewiele wspólnego z jaźnią, przychodzą mi na myśl indywidualne zmagania w poszukiwaniu własnej duszy. Jeden z klientów powiedział mi: „Jestem spokojną duszą i lubię otwarte, akceptujące ludzkie umysły. W trakcie połączenia jest mi wtedy łatwiej". Od innego usłyszałem zaś: „Wolę, gdy mózg stawia opór już na samym początku, gdyż różnice między nami są dla mnie wyzwaniem. W ten sposób oboje się czegoś nauczymy". Chciałbym podkreślić, że terapia LBL daleka jest od magii, i w każdym przypadku do klienta należy podejść indywidualnie, bez powielania jakichkolwiek wzorców.

W trakcie omawiania z klientem dualizmu ciała i duszy, zadaję sobie wewnętrznie trzy pytania:

A. Czy cele postawione przed ego duszy są zagrożone przez różnicę interesów i motywacji duszy oraz ciała ? Jakie czynności przynoszą zadowolenie zamiast niepokoju?

B. Czy dualność umysłu duszy i umysłu ciała sprawia, że są one sobie przeciwne czy dopełniające się? Czy każda z tych sytuacji jest pomyślana jako służąca rozwojowi duszy?

C. Czy mój klient czuje, że dobrze się zaadaptował w środowisku i ludzkim społeczeństwie, czy też czuje się życiowo zagubiony i wyobcowany, myśląc że nie ma swojego miejsca na Ziemi?

Na przestrzeni wielu fizycznych inkarnacji ciała stawiają duszy mniejszy lub większy opór Terapeucie LBL, który ma do czynienia z niezrównoważonym emocjonalnie klientem, może wydawać się, iż to dusza zmaga się z systemem nerwowym człowieka. Z jednej strony dusza ma moc uzdrawienia ciała, ale z drugiej – może ono schwytać ją w pułapkę poprzez użycie prymitywnych mechanizmów obronnych. Dlatego najważniejszym celem terapeuty LBL jest zaoferowanie klientowi pomocy w poszukiwaniu wewnętrznej harmonii, opartej na lepszym zrozumieniu siebie i swojego pochodzenia. Ta samoocena powinna trwać jeszcze przez długi czas po zakończeniu sesji.

Podczas wykładów często słyszę pytanie: „A co z duszami wewnątrz niepełnosprawnych ciał? Jak ktoś mógłby zdecydować się na takie ograniczone i bolesne życie?". Niektórym moim słuchaczom wydaje się, iż dusza nie wiedziała do jakiego ciała zostaje wysłana, gdyż w przeciwnym wypadku z pewnością nie zdecydowałaby się na nie. Moje doświadczenie wskazuje jednak, że to nieprawda. Dusze dobrowolnie wybierają naprawdę trudne wcielenia, a w przestrzeni doboru życia i ciała zachęca się je do przejrzenia wszystkiego, co im zaoferowano. Nikt nas do niczego nie zmusza – dusze zawczasu wiedzą, jakie czekają je lekcje karmiczne i jakie korzyści płyną z trudnego życia.

Jeden z moich klientów jest nauczycielem dzieci niepełnosprawnych. Opiekuje się między innymi chłopcem przykutym do wózka o imieniu Josh, który ma bardzo ograniczony zakres ruchów i z ledwością mówi. Usłyszałem jednak, że przemawia oczami oraz mimiką twarzy i ma przepiękny uśmiech. W trakcie hipnozy mój klient ujrzał Josha w bardziej zaawansowanej grupie dusz, do której sam należy. Okazało się, że dusza Josha jest tak agresywna, dominująca i ruchliwa, że lekceważyła większość wybranych przez siebie spokojnych i introwertycznych ciał. A z drugiej strony ciała ekstrawertyczne i nerwowe wymykały się mu spod kontroli. Wspólnie uznano, że dusza Josha powinna dostać ciało, które zmusiłoby ją do życia spokojnego i kontemplacyjnego. Okazuje się, że teraz sukces został osiągnięty.

Dusze introwertyczne i ekstrawertyczne uczą się ze wszystkich związków z tysiącami swoich ciał, w których inkarnują. Aby pokonać główne przeszkody w życiu, otrzymujemy takie ciała, jakie są nam do tego potrzebne. Mówi się, że nie stajemy przed zadaniami, którym nie jesteśmy w stanie sprostać. Uważam, że w dużej mierze jest to prawdą. Jesteśmy tacy, jacy jesteśmy, zgodnie z planem. W związku z tym, zadaję moim klientom pytanie, które może przynieść dość nieoczekiwane odpowiedzi:

Z wszystkich ciał, w których inkarnowałeś, które było twoim ulubionym i dlaczego?

Terapeutyczne korzyści płynące z duchowej regresji

Tradycyjny hipnoterapeuta skłania się zapewne w kierunku jednej albo kilku spośród różnego rodzaju stosowanych systemów terapii, takich jak: psychoanaliza, behawioryzm, Gestalt, psychoterapia ukierunkowana na wnętrze, czy Free association. Wśród moich studentów zaobserwowałem dużą różnorodność w poglądach filozoficznych, prawdopodobnie dlatego, że wielu hipnoterapeutów to eklektyczni humaniści. W niniejszej książce przedstawiam własny styl pracy, ale uważam, że nie istnieje jedyny poprawny i obejmujący wszystko sposób wykonywania terapii LBL. Do duchowej regresji można z powodzeniem zastosować wiele różnych podejść psychologicznych. Zdarza się, że w trakcie wstępnej rozmowy klient odejdzie od normalnego toku rozmowy i zapyta o psychologiczne i kliniczne aspekty hipnoterapii LBL, a szczególnie jeśli wcześniej przechodził tradycyjną psychoterapię.

Sądzę, że na początku lepiej nie wdawać się w szczegółową dyskusję na ten temat, ponieważ tak naprawdę nie tego klient oczekuje. To co przyciąga jego uwagę, to krótkie i ogólne omówienie hipnoterapii, by wyjaśnić jak ta technika pomaga w odkryciu duszy. Osobiście kładę nacisk na uzyskanie harmonii w relacji pomiędzy umysłem duchowym a ciałem. O ile to możliwe, należy trzymać się prostych spraw, a szczególnie z klientami obawiającymi się wszelkich form interwencjonizmu. Warto podkreślić, że hipnoza LBL nie jest klasyczną psychoterapią, a jedynie potężnym narzędziem do przywołania duchowej pamięci i rozwiązywania konfliktów.

Jeżeli mimo to klient dalej dopytuje się o terapeutyczną stronę tego procesu, odpowiadam, iż regresja wiodąca do podświadomości, konieczna do odkrycia wspomnień z poprzednich wcieleń i stanu duszy pomiędzy wcieleniami, przynosi uzdrowienie tylko w połączeniu z głębszym spojrzeniem na naszą prawdziwą tożsamość. Mówię mu, że proces ten przynosi oświecenie świadomej części naszego umysłu, szczególnie gdy następuje uwolnienie nagromadzonej negatywnej energii. Nie zagłębiam się w dalsze szczegóły przed sesją, gdyż klient może wytworzyć błędne koncepcje o tym, co go ewentualnie czeka, a do sesji powinien podejść zrelaksowany i otwarty. Wszelkie korzyści terapeutyczne zostaną odkryte dopiero pod koniec.

Gdy tylko klient znajdzie się w stanie nadświadomości, będzie wiedział dużo lepiej od terapeuty co stanowi psychologiczną przeszkodę w jego rozwoju. Świadomość ta będzie pogłębiała się wraz z postępem sesji. W moim odczuciu różnica pomiędzy regresją w poprzednie wcielenia a regresją duchową polega na tym, iż terapia LBL w większym stopniu ułatwia przemianę percepcji. Klient najpierw dostrzega wiele tymczasowych osobowości, które przejawiał w swoich poprzednich wcieleniach, a następnie odkrywa swoją prawdziwą tożsamość – swój wieczny charakter w świecie dusz.

Pod koniec sesji staram się znaleźć odpowiedź na następujące pytania:

A. Czy klient znajduje się w takim momencie sesji, w którym jest w stanie zidentyfikować pragnienia i aspiracje swojej duszy?

B. Czy klient potrafi odpowiednio zinterpretować duchowy przekaz, który otrzymał?

C. Czy w swoim życiu klient ma możliwość działać zgodnie ze swoją rozszerzoną świadomością, przebudowując negatywne wzorce?

Pomimo przebytej wcześniej psychoterapii, wielu klientów nadal prezentuje negatywne wzorce zachowań i kiepską postawę. Dzięki duchowej regresji hipnotycznej terapeuta może dużo precyzyjniej zidentyfikować korzenie urazów emocjonalnych klienta, co samo w sobie jeszcze nie stanowi na nie lekarstwa. Klient musi najpierw zrozumieć, co było przyczyną określonych zdarzeń i jaki mają one wpływ na duszę. Dzięki terapii LBL może on podnieść kurtynę objawiając swoją prawdziwą tożsamość, a przez to usunąć lub przynajmniej zmniejszyć zafałszowania i nieporozumienia wynikające z bieżących emocjonalnych dylematów. Może spojrzeć na siebie w dużo bardziej obiektywnym świetle.

Praca z duszą klienta nie ogranicza się wyłącznie do wizualizacji zdarzeń pomiędzy wcieleniami. U niektórych osób można z powodzeniem wykorzystać dualizm duszy i umysłu przy wizualizacji traumatycznych przeżyć z obecnego życia, aby pozyskać informacje bezpośrednio z duszy. Można to przeprowadzić w sposób podobny do tego, jaki opisałem w przykładzie trzynastym w książce „Wędrówka dusz" podczas rozmowy pomiędzy terapeutą, klientem i przewodnikiem. Podobnie można przeprowadzić rozmowę pomiędzy terapeutą, klientem a jego duszą. Głos klienta, gdy będzie przemawiał jako dusza, ulegnie modulacji, tak jak gdy przez klienta przemawia przewodnik.

W trakcie mojej własnej sesji, prowadzonej przez doświadczonego, obdarzonego niezwykłą intuicją hipnoterapeutę, zobaczyłem scenę, gdy jako siedmiolatek zostałem pozostawiony w szkole z internatem. Wydawało się, jakby moja dusza wisiała nad ciałem, a później w trakcie przesłuchiwania kasety zdałem sobie sprawę z faktu, że w tym momencie przemawiałem zmienionym głosem. Moja dusza obiektywnie opisywała konieczność wpojenia odwagi i determinacji w umyśle młodego chłopca, który przytłoczony był samotnością i smutkiem z powodu porzucenia przez rodziców. Są to bardzo odkrywcze momenty sesji.

Po wielu latach pracy odkryłem, że gdy klient oczyma swojego umysłu postrzega siebie jako nieśmiertelną istotę i uświadamia sobie, że jego obecność w danym miejscu nie jest biologicznym przypadkiem, zwraca się do swoich wewnętrznych prawd. Doceniając z punktu widzenia historycznej przeszłości zaistniałe konflikty, uwalniając je i zmieniając perspektywę postrzegania siebie samego – klient robi ogromny krok do przodu. Wiedząc o swojej nieśmiertelności łatwiej nam pogodzić się z własną pozycją w teatrze wydarzeń, w którym każdy ma do odegrania swoją rolę. Istnieje zaplanowany porządek, a wszystko ma swój cel i sens. Dzięki temu postrzeganie świata ulega radykalnej zmianie i pojawia się determinacja do osiągnięcia wyznaczonych celów.

Nie sugeruję bynajmniej, że terapia LBL zapewnia szybkie rozwiązanie problemów. Moi byli klienci jeszcze po wielu latach piszą do mnie, że wciąż pracują nad tym, o czym dowiedzieli się podczas sesji. Niemniej jednak dużo lepiej pojmują rzeczywistość i swoje miejsce w tym wprawiającym w zakłopotanie świecie. Są bardziej skoncentrowani, efektywni i świadomi cierpienia innych osób.

Duchowa regresja pozwala ludziom uzmysłowić sobie, że nawet jeśli przebywają w odosobnieniu, nie są sami, gdyż cały czas istnieją wieczne relacje z duszami towarzyszącymi, które są lub były w ciałach ich krewnych, kochanków, przyjaciół, czy znajomych. Ileż energii można czerpać z wiedzy, że każdy z nas znaczy wiele dla innych osób w kosmosie, bez względu na obecną sytuację życiową. Sugeruję moim klientom, aby poświęcili codziennie trochę czasu na połączenie się z istotami, które troszczą się o nich. O wiele łatwiej to zrobić mając wiedzę uzyskaną w trakcie sesji. Wzmaga to spokój wewnętrzny – w odosobnieniu, z dala od rozpraszających nas rzeczy, łatwiej otworzyć kanały na wewnętrzny głos intuicji.

Gdy pytam klientów, co robią jako dusze, aby pogłębić swój stan świadomości, odpowiadają, że udają się w odosobnienie i koncentrują się na czystej istocie swojego bytu. To prawda, że będąc w świecie dusz, wolnym od impulsów zmysłowych i emocjonalnych oraz materialnej gorączki życia, łatwiej to uczynić, niemniej jednak inkarnująca dusza też może spróbować tego stanu. Próby łączenia się ze światem dusz już po zakończeniu sesji przynoszą jeszcze jedną korzyść – połączenie z przewodnikiem duchowym.

W trakcie sesji wiele razy widziałem jakie korzyści przynosiło klientowi spotkanie z przewodnikiem duchowym. Prowadząc terapię LBL czuję, że mój przewodnik oraz przewodnik osoby w hipnozie nadzorują moją pracę, dzięki czemu uzyskuję pomoc w odkrywaniu psychologicznych elementów, które mogą hamować postęp mojego klienta. Nie wolno zapominać, że to osobisty przewodnik klienta jest jego głównym terapeutą i to do niego klient będzie się zwracał, gdy opuści gabinet regresera. Przewodnicy są naszymi najwyższymi terapeutami.

Każdemu klientowi należy się szacunek i zrozumienie, bez względu na jego intencje i frustracje terapeuty, których doświadcza w pracy. Można mu rzucić wyzwanie, ale w trakcie ostatecznej terapeutycznej oceny nigdy nie wolno zmuszać klienta do obrony, albo dopuścić, by czuł się zagrożony ze strony informacji, które uzyskał podczas sesji. Hipnoza jest potężnym narzędziem wykorzystywanym w terapii LBL, ale może też stanowić pułapkę dla terapeuty, pragnącego uzyskać władzę nad klentem.

Pokora jest podstawą efektywności duchowego regresera, ponieważ pracuje on jedynie jako narzędzie w rękach o wiele potężniejszych istot. Wykazanie się troską i empatią wywiera większe wrażenie, niż podkreślanie swojego autorytetu. Dotyczy to również tożsamości własnej terapeuty, jego umiejętności wyrażania się i doświadczenia, gdyż duchowa regresja obnaża duszę i ucieleśnia nienaruszalne zaufanie, które należy uszanować.

CZĘŚĆ VI

Zakończenie sesji LBL

Przygotowanie na powrót do ciała

Po zakończeniu pobytu w przestrzeni doboru życia, zbliża się koniec sesji. Rozdział czternasty książki „Wędrówka dusz" poświęciłem w całości na omówienie przygotowań, jakie podejmuje dusza przed narodzinami w nowej inkarnacji. Studenci pytają mnie w trakcie szkoleń, czy wszystkie dusze przygotowują się tak samo. Odpowiadam więc, że nie tylko każda dusza ma swój indywidualny sposób, ale również przed każdym nowym wcieleniem ta sama dusza może przygotowywać się inaczej. Na tym etapie sesji proszę mojego klienta:

Proszę, wyjaśnij mi co robisz, zanim opuścisz świat duchowy, aby pojawić się w obecnym twoim życiu?

Różnorodność odpowiedzi związana jest z naturą nowego wcielenia i poziomu zaawansowania duszy. Poniższa lista przedstawia możliwe warianty:

A. Dusza nie pamięta niczego z okresu przygotowania do nowego życia. Po zakończeniu pobytu w przestrzeni doboru życia przypomina sobie dopiero obecność w łonie matki.

B. Dusza udaje się na zajęcia przygotowawcze, gdzie przeprowadzany jest końcowy przegląd najważniejszych aspektów jej nadchodzącego życia. Występują tu dwie opcje:

a) spotyka się tylko z przewodnikami;

b) spotyka się z przewodnikami i innymi duszami, które będą odgrywać istotne role w jej nadchodzącym życiu.

C. Dusza krótko żegna się z przyjaciółmi z grupy i natychmiast w towarzystwie przewodnika udaje się do miejsca, z którego odchodzi na Ziemię.

D. Dusza przebywa w odosobnieniu przed opuszczeniem świata duchowego. Tutaj również występują dwie opcje:

a) jest nieświadoma obecności eskortującego ją przewodnika i nagle odnajduje się w ciele płodu;

b) przewodnik odprowadza ją do miejsca, z którego opuszcza ona świat dusz, a dusza udaje się tą samą drogą do płodu, co inne istoty.

Nie chciałbym, aby czytelnik odniósł wrażenie, że pożegnanie z duszami towarzyszącymi z grupy jest krótkie albo wcale go nie ma. Wszystko zależy od tego, w którym momencie pobytu w świecie duchowym to nastąpi. Krótkie „cześć" tuż przed odejściem nie oznacza, że dusze nie poświęciły wcześniej wystarczająco czasu na dłuższe pożegnanie. Należy również pamiętać, że część naszej energii pozostaje zawsze w świecie dusz z naszymi przyjaciółmi. Ta pozostająca cząstka może być bardzo aktywna lub całkowicie bierna, w zależności ile energii ze sobą zabieramy. W każdym wypadku pożegnanie z przyjaciółmi może być bardzo intensywne, a szczególnie z tymi, którzy pojawią się wraz z nami na Ziemi.

Zajęcia przygotowawcze lub rozpoznawcze przed opuszczeniem świata dusz prowadzi kierownik-koordynator, który nie jest osobistym przewodnikiem żadnej z uczestniczących w nich dusz. Kierownicy ci, znani również jako suflerzy, to specjaliści od prób generalnych istotnych wydarzeń z nadchodzącego życia w fizycznych ciałach. Przeprowadzają oni ćwiczenia wzmacniania pamięci duszy. Czasami dusza czuje w trakcie tych zajęć obecność dusz towarzyszących lub stowarzyszonych, które będą odgrywały istotne role w mającej wkrótce rozpocząć się sztuce. Dokładny czas pojawienia się duszy na Ziemi nie ma wpływu na jej obecność na zajęciach przygotowawczych. Na przykład, nawet jeśli jesteś starszy od swojej żony o pięć lat, oboje uczestniczycie w próbie generalnej waszego przyszłego spotkania na Ziemi.

Dla części klientów zajęcia rozpoznawcze związane są głównie z przyszłym rozpoznaniem swoich bratnich dusz. Ktoś inny przypomina sobie wzmacnianie pamięci na temat określonej lekcji karmicznej, która go czeka, a u jeszcze innych wystąpi kombinacja różnych elementów. Kiedy ludzie odczuwają déjà vu i synchroniczność w trakcie niektórych zdarzeń, jest to najpewniej wspomnienie próby generalnej z zajęć przygotowawczych.

W tej fazie sesji można zadać klientowi wiele różnych pytań:

1. Jakie znaki lub czerwone flagi wcześniej otrzymałeś, aby pamiętać o ważnych wydarzeniach?

2. Czy możesz mi powiedzieć, jak miałeś pamiętać o ważnych osobach w twoim życiu?

3. Co było najważniejsze w trakcie odbytych zajęć przygotowawczych?

Zdarza się, że klient opisuje, jak tuż przed opuszczeniem świata duchowego wspierał go przewodnik. Choć niepokój przed inkarnacją jest czymś rzadkim, żadna dusza nie jest zmuszona do narodzin, jeśli w którymś momencie pragnie się wycofać. Jedynie w wyjątkowych przypadkach dusza prosi o powrót do świata dusz tuż po wejściu do płodu. Większość osób, praktycznie 80% moich klientów, opisuje chwile przyjścia na Ziemię jako czas pełen radości, nadziei i oczekiwania na nadchodzące życie. Niewielki odsetek klientów wspomni oczywiście o obawach związanych z nowym życiem, dlatego warto zadać następujące pytania o ich stosunek do nowego życia:

1. Jakie były główne powody twojego pojawienia się w tym określonym czasie?

2. Czy sądzisz, że twoim obowiązkiem było pojawić się teraz, tak jakby ta inkarnacja była nie do uniknięcia? A może mogłeś pozostać w świecie dusz?

3. Czy w stosunku do ponownych narodzin byłeś:

a) radosny i pełen oczekiwania?

b) obojętny?

c) niechętny i odnosiłeś się do tego z rezerwą?

Przykład dwudziesty dziewiąty w rozdziale piętnastym książki „Wędrówka dusz" to dokładny opis rzeczywistego powrotu duszy na Ziemię. Jeśli klient opisuje tę wędrówkę, zdarza się często, że przewodnik towarzyszy duszy do portalu wyjściowego, a następnie dusza porusza się w stronę Ziemi tunelem lub wirem. W wielu wypadkach klient niewiele pamięta z ostatniej fazy przed narodzinami. Mówi wtedy: „Przeszedłem ze światła do ciemności (portal) i poczułem ciepło (w łonie matki)".

Zakończenie duchowej regresji

Po zakończeniu przygotowań do opuszczenia świata duchowego, warto dokończyć wszystkie wątki otwarte w trakcie sesji. Na tym etapie zadaję często pytania typu otwartego: „No dobrze, co sądzisz o tym, czego się właśnie dowiedziałeś?". Czasami klient sam będzie zaskoczony, po poznaniu znaczenia życia z perspektywy duchowej, jak poważnie traktował mało istotne rzeczy. Jego spojrzenie na przebyte doświadczenia nabrało nowego wymiaru, gdy zrozumiał jaki jest cel każdego z wydarzeń w jego życiu. Później po sesji klienci piszą do mnie, że teraz bardziej koncentrują się na najważniejszych aspektach swojego życia.

Po doświadczeniu duchowego życia pomiędzy wcieleniami, klienci nabierają nowego entuzjazmu i determinacji w podejmowaniu decyzji, które dopiero ich oczekują. Zdają sobie również sprawę z tego, iż ciało jest cennym darem, który sami wybrali, a życie jest dla nich okazją do nauki i wzbogacenia swoich doświadczeń. Czują większe zaufanie do siebie, a nade wszystko są przekonani, że życie ma swój sens i ustalony porządek.

W tej fazie sesji zarówno klient, jak i terapeuta, są już dość zmęczeni pracą, która do tej pory zajęła około trzech godzin. Pod koniec niemal zawsze zadaję następujące szerokie pytanie, aby wychwycić ewentualne ważne kwestie, które umknęły mojej uwadze:

Przed zakończeniem sesji i opuszczeniem świata duchowego, proszę rozejrzyj się dokoła i sprawdź, czy nie przegapiliśmy czegoś ważnego, o czym jeszcze chciałbyś porozmawiać?

Choć większość klientów nie znajduje już nic godnego uwagi, ponieważ są bardzo zmęczeni, co jakiś czas trafiam na osobę, która przypomni sobie w tym momencie o jakiejś istotnej czynności, o której zapomnieliśmy, lub kwestii, którą należy jeszcze do końca wyjaśnić. Tuż przed zakończeniem sesji klienci są na ogół przekonani, iż uzyskali dostęp do tych informacji, które były dla nich przeznaczone.

Budzenie klienta

Proces budzenia z głębokiego transu musi przebiegać bardzo ostrożnie i powoli, ponieważ po dłuższym okresie przebywania w stanie Theta – w nadświadomości – klienci czują ociężałość i odrętwienie ciała. Przez kilka minut mogą również czuć się zdez orientowani, gdyż przechodzą pełną transformację z ego-duszy z powrotem do swojej obecnej osobowości.

Nawet po wyjściu z hipnozy u klientów pozostają silne wewnętrzne ślady połączenia z duszą, a w rzeczywistości pozostaną one do końca ich życia. Po obudzeniu i opuszczeniu bezpiecznego miejsca, będącego ich duchowym domem, ponownie znajdują się w tym szalonym, gorączkowym i wymagającym fizycznym środowisku ziemskim. Dlatego przejście z powrotem powinno odbyć się powoli.

Poniżej opisuję, w jaki sposób sam zaczynam proces wybudzania klienta pod koniec regresji duchowej:

Ponieważ za chwilę opuścimy ten wyższy obszar twojej jaźni oraz piękną egzystencję świata duchowego, chciałbym, abyś pamiętał, iż ten pełen miłości świat zawsze pozostaje z tobą. Wszystko o czym rozmawialiśmy, wszystkie twoje myśli, wspomnienia i wglądy będą do końca życia służyły ci pomocą, jako źródło inspiracji i sensu życia. Pozwól, aby ta wiedza spokojnie umiejscowiła się w twoim świadomym umyśle we właściwej perspektywie. Poczuj teraz całą pełnię swojej jaźni. Twoja duchowa tożsamość pozostanie doskonale połączona z twoją ludzką osobowością, gdy będziemy wracać tunelem czasu, wyżej i wyżej, aż do teraźniejszości.

Powyższą mantrę można by zastosować jako posthipnotyczną sugestię, ale osobiście używam jej w celu przeprowadzenia klienta ze stanu nadświadomości do teraźniejszości. Z zasady nie wierzę w konieczność zastosowania tradycyjnych sugestii posthipnotycznych w duchowej regresji. Klient otrzyma kasety, które będą mu służyły dłużej niż te sugestie. Z mojego doświadczenia wynika, że klienci asymilują wszystkie wspomnienia pozyskane z umysłu duszy na temat świata dusz w swoim życiu bez dodatkowych sugestii posthipnotycznych.

Badania przeprowadzone nad sugestią posthipnotyczną wskazują, że po jej użyciu istotne informacje pozyskane w trakcie hipnozy zachowają się dłużej w świadomej pamięci klientów. Omawiając wcześniej zagadnienie przewodnika duchowego nadmieniłem, iż mówię czasami do klienta: „Nigdy nie zapomnisz wyglądu twojego osobistego przewodnika duchowego i twojego spotkania z nim w stanie hipnozy". Sugestie posthipnotyczne mogą być konieczne w innych obszarach, na przykład w usuwaniu wspomnień o traumie z poprzedniego życia.

Jednocześnie nie wykluczam, iż u niektórych klientów może wystąpić konieczność wzmocnienia pamięci związanej ze spotkaniem z Radą Starszych lub określoną duszą, aby wspomóc proces leczenia. Kwestie te należy rozstrzygać indywidualnie w stosunku do każdego klienta i poszczególnych sesji. Uważam, że nie należy usuwać jakichkolwiek blokad pamięci o świecie duchowym lub przeznaczeniu klienta przy pomocy sugestii posthinotycznych.

Każdy terapeuta posiada własny sposób wyprowadzania klientów z hipnozy do stanu świadomości. Przedstawiłem jedynie swoje uwagi co do przygotowania klienta przed zastosowaniem końcowych instrukcji wybudzania, przed końcowym odliczaniem. Sam proszę klientów, aby głęboko oddychali, skoncentrowali swój wzrok i starali się o niczym nie myśleć, poczuli się odprężeni, szczęśliwi i w pełni odnowieni.

Rozmowa końcowa

Wielu klientów po przebudzeniu się z hipnozy przez kilka minut wpatruje się w przestrzeń, zastanawiając się z wyrazem podziwu na twarzy nad tym, czego przed chwilą doświadczyli. Niektórzy płaczą, inni śmieją się, ale większość czuje ciężar oczekiwań,
jakie mają w stosunku do nich ich mistrzowie duchowi. Sam nie
mówię wtedy zbyt wiele, gdyż jest to czas przeznaczony na spokojną refleksję. Przynoszę wodę, przygotowuję kasetę, a klienta proszę jedynie, aby siedział zrelaksowany i spokojnie wracał
do normalnego stanu.

Klienci dwojako reagują na kwestię omawiania odbytej właśnie sesji. Jedni są małomówni, uważając to co zobaczyli za zbyt
prywatne, i sami pragną zebrać w ciągu kilku dni swoje myśli,
bez większego wkładu ze strony terapeuty, choć mogą skontaktować się z nim w późniejszym okresie. Jednak większość klientów
woli od razu przejść do omówienia istotnych aspektów sesji. Dobrze jest na początku pozwolić im na podjęcie dowolnego tematu,
o którym chcą rozmawiać, gdyż są zbyt przytłoczeni dokonanymi
odkryciami. Już w pełnej świadomości zdają sobie sprawę z tego,
iż otworzyły się wrota do ich wewnętrznej jaźni – są podnieceni,
lecz równocześnie czują boską odpowiedzialność za swoje życie.
To intensywne, osobiste potwierdzenie własnej tożsamości pozwala klientowi pełniej odnaleźć swoje miejsce w życiu.

Wiele osób prosi o interpretacje i wyjaśnienie znaczenia sesji.
Należy być niezwykle ostrożnym w oferowaniu klientowi pomocy w tym zakresie. Naszym zadaniem jest raczej pomoc w odnalezieniu przez klienta własnego zrozumienia wizualizacji świata duchowego. Klienci mają również tendencję do proszenia terapeuty

o wskazówki, jak wieść swoje dalsze życie. Oczywiście, można przedstawić im swój punkt widzenia odnośnie ich życia w świecie dusz, ale jestem niezwykle ostrożny w omawianiu ich przyszłych decyzji, podejmowanych w oparciu o uzyskane informacje.

Lepiej poprosić klienta o odpowiedzi na bardziej ogólne pytania:

1. Co było dla ciebie najważniejsze z całej sesji?

2. Jak poszerzyło się twoje zrozumienie własnej osoby dzięki temu, czego się dowiedziałeś?

3. W jaki sposób zwiększyło się twoje zrozumienie życia i twojego w nim miejsca?

4. Mając już te informacje, jakie widzisz teraz możliwości działania, które były wcześniej niedostępne?

Tuż po zakończeniu sesji klient nie odpowie zapewne w pełny sposób, gdyż może potrzebować całkiem sporo czasu, aby dokonać właściwej ewaluacji siebie. Celem duchowej regresji jest pomoc klientowi w znalezieniu szerszego sensu i celu życia, ale w jaki sposób on to wykorzysta, zależy tylko od niego.

Rozmowa na zakończenie ma jeszcze jedną zaletę, a mianowicie doprowadza klienta do pełnego stanu wybudzenia po długiej sesji hipnotycznej, co zajmuje co najmniej pół godziny. Nie można pozwolić, aby klient opuścił gabinet nie do końca świadomy tego co się wokół dzieje. Dlatego uważnie obserwuję ruchy oczu klienta i ruchy motoryczne ciała, a w międzyczasie informuję klienta, że w ciągu najbliższych dni i tygodni coraz więcej fragmentów wspomnień pojawi się w formie olśnień lub snów. Zachęcam go by zawsze miał pod ręką notatnik, w którym będzie zapisywał spontaniczne myśli i rozważania oparte na materiale zawartym na kasecie, będące cenną pomocą w trakcie kolejnych sesji.

Zdarza się, że klienci chcą od razu umówić się na następną sesję, gdyż jedno spotkanie może nie przynieść wszystkich informacji, które klient chciałby uzyskać na temat swojej egzystencji. Przeważnie jednak dzwonią w tej sprawie dopiero później, po wielokrotnym wysłuchaniu kasety i przemyśleniu wielu spraw. Należy jednak otwarcie uprzedzić klienta, że kolejne sesje mogą nie spełnić pokładanych w nich nadziei uzyskania dodatkowych, istotnych informacji.

Kolejna sesja może nie być owocna z wielu powodów, takich jak możliwości samego klienta, inklinacje jego przewodnika, nieodrobione lekcje, poziom zaawansowania, itd. Z drugiej strony u niektórych klientów powtórna sesja może zaowocować jeszcze ważniejszymi informacjami o ich życiu duchowym, niż te które pojawiły się w pierwszej sesji. Nie ma reguł co do sposobu prowadzenia kolejnej sesji. Osoby, które nie są zbyt podatne hipnozie, trzeba zapewne zabierać ścieżką: dzieciństwo – poprzednie życie – świat dusz. U innych zaraz po wstępie i pogłębieniu można od razu przejść do poprzedniego wcielenia, pomijając dzieciństwo.

Pogłębianie może nie zająć już tyle czasu, szczególnie gdy podczas pierwszej sesji terapeuta zastosuje sugestię posthipnotyczną, mówiąc, iż wszystkie przyszłe sesje przebiegną szybko i sprawnie. Należy jednak wejść wpierw do poprzedniego życia, aby przejście do świata dusz odbyło się w miarę naturalnie. Można wybrać do tego celu jedno z poprzednich wcieleń, niekoniecznie to samo co w pierwszej sesji, aby pokazać klientowi pewną różnorodność szczegółów. W ciągu kolejnych sesji zarówno klient, jak i terapeuta, dowiedzą się coraz więcej o samospełnianiu się duszy w różnych ciałach.

Podsumowanie

Wielu klientów opuszcza mój gabinet ściskając w ręku kasetę z nagraniem, jakby to było złoto, i czasami zastanawiam się, jak też uda im się zastosować w życiu to, czego się dowiedzieli. Zawsze mam poczucie, że mogłem zapytać o jeszcze inne informacje, albo lepiej pomóc im zrozumieć wszystkie wspaniałości ich życia duchowego. Każda sesja jest wyjątkowa i zawsze czuję się zaszczycony, jeżeli tylko jestem w stanie wspomóc mojego klienta w odkrywaniu ukrytej wiedzy o jego wiecznej egzystencji.

Na początku mojej pracy, wiele lat temu, musiałem dokonać przełomu w wykorzystaniu hipnozy w celu dotarcia do do naszego życia między wcieleniami. Wiem, że następne pokolenia terapeutów LBL mają już łatwiej i posuną moją pracę o wiele dalej, niż ja byłem w stanie to uczynić. Duchowy regreser powinien w jak największym stopniu poświęcić się swojej pracy ze względu na złożoną wrażliwość i uczucia swoich klientów.

Odkrywając swoją nieśmiertelność, osoby odwiedzające w hipnozie świat dusz mogą sobie uświadomić ciągłość własnej egzystencji, a także rozwinąć pełniejsze zrozumienie powtarzalności narodzin, śmierci i ponownych narodzin. Bez względu na sytuację, w jakiej klient obecnie się znajduje, po zakończonej terapii LBL będzie przekonany, że posiada swój wieczny dom w świecie dusz, gdzie wyższe istoty otaczają nas miłością, spokojem i wybaczeniem.

Czasami klienci zapytają, co mają zrobić z tym wszystkim czego się dowiedzieli? Zastanawiają się, jak teraz spełnić te wszystkie wzniosłe cele, dla których realizacji pojawili się tu na Ziemi. Staram się ich wtedy uspokoić, że nasi mistrzowie posiadają anielską cierpliwość. Mówię, że nie ocenia się nas za to co robimy dla siebie, ale za to wszystko, co robimy dla innych krocząc własną ścieżką. Wyjaśniam, że choć w każdej chwili możemy zachwiać się, popełniać błędy, wybrać niewłaściwą drogę, dokonać kiepskiego wyboru, to każda sposobność i podjęta decyzja umacnia nas i umożliwia nasz rozwój. Oznaką wyróżniającego się życia jest umiejętność odważngo podnoszenia się po własnych upadkach i zakończenia go w dobrym stylu.

Załącznik

ŚCIEŻKI DUSZY – ZASADY DUCHOWE

1. Duszy nie można zmierzyć ani zdefiniować, ponieważ nie wyznaczają jej żadne granice związane z jej stworzeniem. Najbardziej spójne informacje o esencji duszy mówią o tym, iż jest to inteligentna i nieśmiertelna energia, zamanifestowana poprzez specyficzne fale wibracyjne światła i koloru.

2. Każdy człowiek posiada jedną duszę, która aż do momentu śmierci połączona jest z wybranym przez nią ciałem fizycznym. W cyklu reinkarnacji dusze mają wpływ na wybór następnego ciała. Dusza łączy się z ciałem zazwyczaj po zapłodnieniu, pomiędzy czwartym miesiącem ciąży a narodzinami.

3. Każda dusza posiada wieczny i wyjątkowy charakter. To wieczne ego łączy się w ludzkim mózgu z emocjonalnym temperamentem wybranego ciała, tworząc wyjątkową, ale tymczasową osobowość człowieka na dane życie. Takie jest znaczenie dualności umysłu.

4. Pamięć duszy może zostać przyćmiona na poziomie zewnętrznej świadomości poprzez amnezję, jednak wzorce myślowe duszy wpływają na ludzki mózg, aby wzmóc motywacje do podjęcia określonych działań.

5. Dusze pojawiają się w ludzkich ciałach przez niezliczoną ilość wcieleń, aby wkraczać na coraz wyższe poziomy zaawansowania, wypełniając zadania karmiczne z poprzednich inkarnacji. Osobowość z każdego wcielenia przyczynia się do ewolucji duszy. Dzięki tym doświadczeniom dusze wzrastają w wiedzę i mądrość, rozważając w okresie pomiędzy

wcieleniami swoje myśli i uczynki z poprzednich inkarnacji pod kierunkiem swoich mistrzów duchowych.

6. Nasza planeta to tylko jeden z niezliczonej ilości światów, które służą jako baza szkoleniowa dla dusz. W trakcie ziemskiej inkarnacji dusze mogą uczyć się na bazie prób i błędów, aby zdobyć mądrość. Egzystencja ludzka nie jest wcześniej zdeterminowana. Dusza w każdej chwili posiada wolną wolę w stosunku do różnych możliwości wynikających z wpływów karmicznych i wcześniejszych jej zobowiązań.

7. Na Ziemi istnieje piękno i radość, ale również ignorancja, nienawiść i cierpienie zadawane przez ludzi oraz katastrofy naturalne, na które nie mamy praktycznie żadnego wpływu. Naszym zadaniem jest rozwinięcie umiejętności radzenia sobie w sprzyjających i niesprzyjających ziemskich warunkach. Nasza planeta to miejsce testowania duszy i absolutnie nie znajduje się ona pod wpływem zewnętrznych, demonicznych sił. W duchowym porządku miłości i współczucia, obejmującym nasze duchowe pochodzenie, nie istnieje pojęcie duchowej wrogości.

8. Osobiste oświecenie przychodzi z wnętrza każdego z nas i umożliwia ludziom osiągnąć bez pośredników własną, boską moc.

9. W momencie śmierci fizycznej dusza powraca do świata duchowego – swojego źródła. Tam łączy się z tą cząstką (esencją swojej istoty), której nie zabrała ze sobą do fizycznej inkarnacji. Oznacza to, że z duchowego punktu widzenia dusza nigdy nie przestaje się uczyć. W świecie duchowym dusza może odpocząć i przemyśleć wiele spraw pomiędzy swoimi fizycznymi inkarnacjami.

10. Wydaje się, że dusze są członkami pewnych grup, do których zostały przypisane w momencie swojego stworzenia. Nauczyciele w tych grupach to indywidualni przewodnicy jej członków. Dusze towarzyszące inkarnują razem i wspólnie biorą udział przedstawieniu na Ziemi.

11. Świat duchowy nie jest miejscem pozbawionym aktywności – światem nirwany. Jest to raczej przestrzeń służąca ewolucji

222

duszy do wyższych form energetycznych, w których nabywa ona umiejętności tworzenia obiektów ożywionych i nie-
ożywionych. Energia duszy została stworzona przez wyższe
źródło. Świat duchowy posiada niezmierzony obszar, o którym
wiemy, że obejmuje nasz wszechświat i pobliskie wymiary.

12. Powracające do świata duchowego dusze nie widzą tam
ziemskich bóstw religijnych. Najbliższe połączenie duszy
z boską mocą to jej związek z przewodnikiem duchowym
i miłosiernymi członkami Rady Starszych, którzy nadzorują działania każdej duszy. Dusze inkarnujące na Ziemi czują
obecność boskiej Nadduszy lub Źródła, z którego emanują
mądre istoty, tworzące indywidualne Rady Starszych.

13. Wydaje się, że świat dusz jest zarządzany przez wysoce
zaawansowane dusze (specjalistów), które nie inkarnują
na Ziemi, ale dbają o sprawy podlegających ich opiece dusz.
Kiedy inkarnujące dusze same awansują na wyższy poziom
rozwoju, przestają się wcielać i stają się takimi właśnie spe-
cjalistami, poświęcając swój czas na pomoc innym inkarnu-
jącym duszom. Takie dusze-specjaliści wybierane są na podstawie ich motywacji, umiejętności i efektywności.

Wydaje się, iż najwyższym celem duszy jest osiągnięcie dosko-
nałości, aby następnie powrócić do Źródła, które je stworzyło.

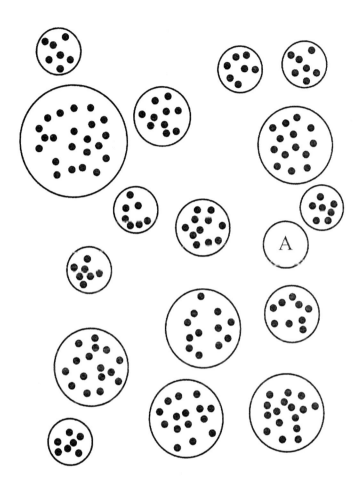

Ilustracja 1 – Wielka Sala Domu Kultury

Diagram przedstawia obraz, jaki jawi się wielu pacjentom po powrocie do świata dusz: wielka ilość pierwszorzędnych skupisk dusz, tworzących jedną dużą grupę drugorzędną, liczącą około 1000 istot. Do pierwszorzędnego skupiska dusz (A) należy moja pacjentka.

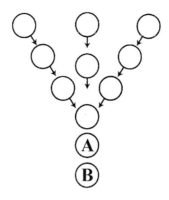

Ilustracja 2 – Skupisko Dusz Pozycja 1

Ilustracja 2 ukazuje pozycję pierwszorzędnego skupiska dusz, witającego powracającą duszę (A), za którą stoi przewodnik grupy (B). Wiele dusz stoi zasłoniętych przez inne, czekając na swoją kolej do powitania.

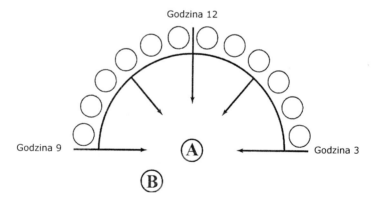

Ilustracja 3 – Skupisko Dusz Pozycja 2

Ilustracja 3 ukazuje bardziej powszechną pozycję półkola, gdzie członkowie skupiska czekają na powitanie powracającej duszy (A) z przewodnikiem w punkcie B (lub bez niego). Dusze występują do powitania kolejno, przy czym, co charakterystyczne, żadna z nich nie ustawia się na pozycji Godzina 6, by nie podchodzić od tyłu.

WĘDRÓWKA DUSZ

Studium życia pomiędzy wcieleniami

Dr Michael Newton

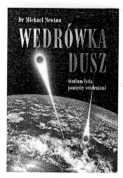

Ta wyjątkowa książka po raz pierwszy odkrywa tajemnicę życia w świecie dusz po śmierci człowieka na Ziemi. **Dr Michael Newton**, doktor doradztwa personalnego, dyplomowany hipnoterapeuta prowadzący prywatną praktykę, rozwinął swoją własną technikę hipnozy by dosięgnąć ukrytych wspomnień swoich pacjentów o ich życiu po śmierci. Powstałe zapisy rozmów z pacjentami stanowią „dziennik podróży" po – wybranych spośród setek innych – przykładach 29 osób, które zostały przeniesione w stan nadświadomości. W stanie głębokiej hipnozy osoby te w poruszający sposób opisują to, co wydarzyło się pomiędzy ich poprzednimi inkarnacjami na Ziemi. Wyjawiają one barwne szczegóły naszych odczuć w chwili śmierci, z kim się spotykamy zaraz po odejściu z ciała, jak wygląda świat dusz, gdzie się udamy i czym będziemy się zajmować jako dusze oraz - dlaczego decydujemy się powrócić w określonych ciałach.po przeczytaniu „Wędrówki dusz" lepiej zrozumiesz nieśmiertelność ludzkiej duszy oraz stawisz czoło wyzwaniom codziennego życia z większą świadomością celu, kiedy zaczniesz rozumieć przyczyny zdarzeń z twojego własnego życia.

W stanie głębokiej hipnozy dwadzieścia dziewięć osób przypomina sobie swoje przeżycia pomiędzy kolejnymi wcieleniami, kiedy istniały jako duchowe istoty w świecie dusz. A oto kilka tematów szczegółowo omówionych w tej książce:

– co czujemy w chwili śmierci
– co widzimy i czujemy zaraz po śmieci
– duchowi przewodnicy (dusze opiekuńcze)
– co dzieje się ze spaczonymi duszami
– dlaczego jesteśmy przypisani do określonych grup dusz w świecie duchowym i czym się tam zajmujemy
– jak wybieramy następne ciało, by powrócić na Ziemię
– o różnych poziomach rozwoju dusz: początkujących, średnio-zaawansowanych i zaawansowanych
– kiedy i gdzie po raz pierwszy uczymy się rozpoznać nasze bratnie dusze na Ziemi
– cel życia i przejawy istnienia „Stwórcy"

Jeśli czytałeś książkę Raymonda Moody'ego „Życie po życiu", to koniecznie musisz zapoznać się z „Wędrówką dusz", która zabierze cię nieskończenie dalej w świat dusz.

PRZEZNACZENIE DUSZ

Nowe badania nad życiem pomiędzy wcieleniami

Dr Michael Newton

tom 1

Pionier odkrywający sekrety życia, uznany w świecie duchowy hipnoterapeuta, **dr Michael Newton** ponownie poprowadzi cię do serca świata dusz. Jego przełomowe badania były po raz pierwszy opublikowane w bestselerze „Wędrówka dusz" – wyjątkowym studium nad życiem po śmierci. W książce **„Przeznaczenie dusz"** dr Michael Newton przedstawia dalsze odkrycia na podstawie siedemdziesięciu przykładów ludzi, którzy zostali przeniesieni w stanie hipnozy w swoje życie pomiędzy wcieleniami. Dr Newton spełnia prośby tysięcy czytelników, którzy chcieli poznać więcej szczegółów o różnych aspektach życia „po drugiej stronie". „Przeznaczenie dusz" jest także napisane dla tych osób, które nie czytały jeszcze „Wędrówki dusz".

W pierwszym tomie książki „Przeznaczenie dusz" pośród wielu innych zostały szczegółowo omówione następujące tematy:

- dlaczego jesteśmy na Ziemi i duchowych miejscach, do których udajemy się po smierci
- jak dusze odchodzących osób nawiązują kontakt ze swoimi bliskimi i jakie podejmuja wysiłki, by pocieszyc pogrążonych w smutku
- anioły i inne istoty niebiańskie
- uzdrawianie emocji dusz i pozostałych na Ziemi
- duchy ziemskie i widma, duchy natury, dusze szukające odosobnienia
- odbudowywanie energii duszy, regeneracja poważnie wypaczonych dusz
- leczenie energią na Ziemi, uzdrowiciele ludzkiego ciała i środowiska naturalnego
- narodziny, podział i zjednoczenie duszy
- duchowe siedziby, szkoły dusz, Biblioteki Ksiąg Życia
- o kolorach dusz odpowiednich do zaawansowania dusz, kolory w grupach dusz, kolory aury i kolory dusz, medytacja duchowa z kolorem;

Czytelników zainteresowanych dalszymi informacjami lub zamówieniem książek „Wędrówka dusz" i „Przeznaczenie dusz" zapraszamy do korespondencji lub odwiedzenia strony:

www.tuiteraz.com

PRZEZNACZENIE DUSZ

Nowe badania nad życiem pomiędzy wcieleniami

Dr Michael Newton

tom 2

Pionier odkrywający sekrety życia, uznany w świecie duchowy hipnoterapeuta, **dr Michael Newton** ponownie poprowadzi cię do serca świata dusz. Jego przełomowe badania były po raz pierwszy opublikowane w bestselerze „Wędrówka dusz" – wyjątkowym studium nad życiem po śmierci. W książce **„Przeznaczenie dusz"** dr Michael Newton przedstawia dalsze odkrycia na podstawie siedemdziesięciu przykładów ludzi, którzy zostali przeniesieni w stanie hipnozy w swoje życie pomiędzy wcieleniami. Dr Newton spełnia prośby tysięcy czytelników, którzy chcieli poznać więcej szczegółów o różnych aspektach życia „po drugiej stronie". „Przeznaczenie dusz" jest także napisane dla tych osób, które nie czytały jeszcze „Wędrówki dusz".

W drugim tomie książki „Przeznaczenie dusz" pośród wielu innych zostały szczegółowo omówione następujące tematy:
- Rada Starszych – grupa bardzo zaawansowanych dusz, które prowadzą nas w naszym rozwoju życie po życiu, spotykając się z nami, by omówić z nami nasze postępy
- „Obecność" – jak dusze mówią o swojej percepcji Boga w świecie dusz
- bratnie dusze – ich rodzaje i role w naszym rozwoju oraz życiu
- jak dusze skłócone na Ziemi jednoczą się w świecie dusz
- związki pomiędzy grupami dusz w świecie dusz i ludzkimi rodzinami na Ziemi
- rekreacja dusz i podróże dokonywane w okresach pomiędzy wcieleniami
- szczególne specjalizacje jakie podejmują dusze na wyższym poziomie rozwoju: Nauczyciele Najmłodszych Dusz, Etycy, Dusze Harminizujące, Mistrzowie Projektowania, Poszukiwacze i Mistrzowie Czasu
- związek duszy i mózgu oraz dlaczego wybieramy życie w określonych ciałach i jak to się odbywa (linie czasu i Krąg Przeznaczenia)
- wolna wola i nasza ścieżka duchowego rozwoju

Czytelników zainteresowanych dalszymi informacjami lub zamówieniem książek „Wędrówka dusz" i „Przeznaczenie dusz" zapraszamy do korespondencji lub odwiedzenia strony:

www.tuiteraz.com

BRZMIENIE ŻYCIA

WSPOMNIENIA ZE ŚWIATA DUSZ

OPOWIEŚCI O OSOBISTEJ TRANSFORMACJI.

Autorstwa członków Instytutu Newtona
pod redakcją i z komentarzami **Michaela Newtona.**

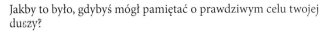

Jakby to było, gdybyś mógł pamiętać o prawdziwym celu twojej duszy?

Dr Michael Newton — autor bestsellerów „Wędrówka dusz" i „Przeznaczenie dusz", powraca z nową serią przykładów badań, które podkreślają głęboki wpływ duchowej regresji na codzienne, ludzkie życie.

Te fascynujące, prawdziwe relacje z całego świata, wydane pod redakcją dr Newtona, zostały wybrane i zaprezentowane przez hipnoterapeutów LBL dyplomowanych w Instytucie Newtona. Po przywołaniu wspomnień o ich życiu po śmierci, osoby przedstawione w tych badaniach wyruszyły na odmieniające życie duchowe podróże — odnawiając związki z bratnimi duszami, duchowymi przewodnikami oraz poznając tematy wyboru życia i ciał fizycznych, związków miłosnych i snów dzięki połączeniu się z ich nieśmiertelnymi duszami. Po ujawnieniu klejnotów wiedzy o sobie następują dramatyczne epifanie, pozwalające zwykłym ludziom zrozumieć sens przeciwności, jakie wystąpiły na ich drodze, uzdrowić ich emocje, zrealizować prawdziwy cel ich życia oraz na trwałe ubogacić ich żywoty nowym poczuciem ich sensu.

W odróżnieniu od poprzednich książek, w których losy indywidualnych osób posłużyły do zilustrowania przedstawianych tematów, w tej książce odwrócono tę perspektywę — losy poszczególnych osób i ich transformacja stanowią główną oś każdego rozdziału, a szczegółowe tematy wyłaniają się z tych osobowych opowieści.

Pozdrowienia z niebios!

Nowe badania nad życiem po śmierci.

BILL I JUDY GUGGENHEIM

Czy istnieje życie po śmierci?

Czy po śmierci ponownie spotkamy bliskich, którzy odeszli przed nami?

Czy zmarli mogą komunikować się z nami tu i teraz?

Pozdrowienia z niebios! to pierwsze obszerne studium nowego, fascynującego obszaru badawczego – **komunikacji pośmiertnej**. To duchowe doświadczenie, zwane w skrócie **ADC** (ang. after death communication), ma miejsce wtedy, gdy zmarły krewny lub przyjaciel kontaktuje się z wybraną osobą spontanicznie i bezpośrednio. W czasie siedmioletnich badań autorzy – **Bill i Judy Guggenheim** – zgromadzili ponad 3300 osobistych relacji od ludzi, którzy wierzą, że bliskie im osoby nawiązały z nimi kontakt po swojej śmierci.

Jeżeli podejdziesz do tej lektury z otwartym umysłem i sercem, możesz znacznie zmniejszyć, a nawet całkowicie wyeliminować lęk przed śmiercią. Możesz przejść wewnętrzne przeobrażenie z gąsienicy, zmuszonej do pełzania po ziemi, w motyla, który swobodnie uniesie się w przestworza. To doświadczenie otworzy przed tobą pełniejsze i radośniejsze życie, wypełnione głębokim spokojem.

Ponad 350 relacji o przeżyciach komunikacji pośmiertnej, starannie wybranych i ułożonych przez autorów książki w sposób systematyczny, zapewnia:

- niezwykły dowód na istnienie życia po śmierci
- pocieszenie i emocjonalne wsparcie osobom pogrążonych w żalu po śmierci bliskich
- głęboką nadzieję tym, którzy pragną ponownego połączenia ze zmarłą ukochaną osobą
- odwagę i siłę zmagającym się z chorobą zagrażającą życiu
- źródło inspiracji i siły osobom opiekującym się starszymi lub śmiertelnie chorymi ludźmi
- głębsze zrozumienie tematu życia i śmierci tym, którzy obawiają się przejścia na tamten świat
- oraz wewnętrzny spokój tym wszystkim, których serca i umysły czekają na te dobre wieści.

„Jest to wyjątkowa i naprawdę cudowna książka, w której można znaleźć pocieszenie i głęboki spokój. Otwiera ona nowy obszar badań tak fascynującej komunikacji pośmiertnej."

— Raymond A. Moody, Jr., MD, PhD, psychiatra i autor bestsellerów *Życie po życiu, W stronę światła* i innych.

Biologia przekonań

Uwolnić moc świadomości, materii i cudów

Bruce Lipton

Ta książka zmieni na zawsze to, co myślisz o swoich myślach i umyśle. Nowe, zdumiewające odkrycia biochemicznych skutków działania mózgu ukazują, iż twoje myśli wpływają na wszystkie komórki twojego ciała.

Autor — uznany cytolog — opisuje te precyzyjne molekularne mechanizmy, dzięki którym to się dokonuje. Używając prostego języka, ilustracji, dowcipu oraz przykładów z dnia codziennego pokazuje jak nowa nauka — epigenetyka — rewolucjonizuje nasze zrozumienie związków pomiędzy ciałem i umysłem, a także bardzo istotnych jej konsekwencji dla życia naszego i globalnej zbiorowości ludzkiej.

„Biologia przekonań" jest przełomową pracą w dziedzinie nowej biologii. Bruce Lipton był profesorem szkoły medycznej na Uniwersytet Wisconsin i uczonym prowadzącym prace badawcze na Uniwesytecie Stanforda. Jego eksperymenty z błoną komórkową, a także innych wiodących badaczy, szczegółowo zbadały mechanizmy, poprzez które komórki przyjmują i przetwarzają informację. Wykazują one, że geny i DNA nie kontrolują naszego życia biologicznego — to sygnały ze środowiska (z zewnątrz) komórki kontrolują DNA, włączając w to energetyczne sygnały pochodzące z naszych pozytywnych i negatywnych myśli.

Ta niosąca głęboką nadzieję synteza najnowszych i najlepszych badań w dziedzinach cytologii i fizyki kwantowej została uznana jako główny przełom uświadamiający nam, że nasze ciała mogą się zmieniać wraz z przekształcaniem naszych myśli, co ma ogromne znaczenie dla naszego zdrowia fizycznego i psychicznego.

„Książka Bruce Liptona to ostateczne podsumowanie nowej biologii i tego, co z niej wynika. Jest wspaniała, dogłębna ponad słowa i świetnie się ją czyta. Syntetyzuje ona encyklopedię krytycznej nowej wiedzy do genialnego, choć prostego, formatu. Jej strony zawierają prawdziwą rewolucję w myśleniu i rozumieniu — tak radykalną, że może zmienić świat."

Joseph Chilton Pearce, Ph.D.
Autor książek „Magical Child" i „Evolution's End"

Codzienny Motywator na drogę

Ralph Marston

Przez kilkanaście lat użytkownicy internetu z całego świata korzystali z Codziennego Motywatora (The Daily Motivator), jako źródła regularnych pozytywnych wglądów. Ta unikalna internetowa publikacja, której autorem i wydawcą jest Ralph Marston, wykorzystuje moc internetu by regularnie wzmacniać pozytywne wartości oraz wspierać czytelników pragnących wieść przepełnione sensem, radosne i spełnione życia.

Codzienny Motywator został wyróżniony jako „najpopularniejsza strona www dnia" przez USA Today, ma tysiące czytelników codzienne odwiedzających stronę www lub otrzymujących nową treść dnia pocztą elektroniczną.

Codzienny Motywator wydany po raz pierwszy w formie drukowanej jest kompilacją zawierającą setki najlepszych codziennych przekazów z okresu pierwszych dwóch lat jego funkcjonowania. Te krótkie, oświecające wiadomości, ułożone według porządku tematycznego dla łatwości referencyjnej, sprawią że się zatrzymasz, zamyślisz oraz będą ci towarzyszyły w twoich własnych wysiłkach udoskonalania jakości swojego życia.

Twoja przyszłość rozpoczyna się teraz.

Dzisiaj jest zwrotny dzień twojego życia. To co osiągniesz, spotkani ludzie, wybrany kierunek, będą miały swoje długotrwałe konsekwencje.

Odrobina dodatkowego wysiłku, ale włożonego dzisiaj, może zmienić twoje życie na lepsze. Szkoda byłoby przegapić tę okazję. Zatem zrób dzisiaj wszystko to, co możesz, i jeszcze trochę więcej. Wykonaj jeszcze jedną rozmowę, przeczytaj ten dodatkowy raport, sprawdź tę jedną dodatkową możliwość. Pomyśl, co one mogą zmienić.

Każdy dzień wpływa na wszystkie nadchodzące po nim. W swoich działaniach, swoich myślach, swoich decyzjach, postępuj tak, jakby to był najważniejszy dzień twojego życia. Bo takim właśnie jest.

www.greatday.com